ATLAS DES UNBEKANNTEN

BRUNO REGUET

KOSMOS

DER AUTOR

Nach seinem Studium der Philosophie und Wissenschaftsgeschichte hat **Bruno Reguet** lieber Nebenrouten und Umwege eingeschlagen. Er war als Journalist und Lehrkraft tätig und engagierte sich in den Bereichen Tourismus, Kultur, Pflege und Soziales in Frankreich und darüber hinaus. Seine Begeisterung für ferne Grenzen spornt ihn an, immer neue Streifzüge an die Ränder der Welt zu unternehmen.

VORWORT

Ein „Atlas des Unbekannten“, der sich mit entlegenen Orten und Grenzräumen beschäftigt, ist ein gewagtes Unterfangen. Wo sind die Grenzen unserer Welt? Auf die Frage gibt das vorliegende Werk nicht eine, sondern rund achtzig Antworten!

Natürlich erfahren wir darin etwas über die Extreme unseres Planeten: über Orte, die am weitesten vom Land entfernt liegen, im Herzen einer Wildnis, in einer Schlucht unter der Erde oder in den Tiefen des Meeres, auf hohen Gipfeln oder inmitten einer einsamen Wüste … Am Ende der Welt locken uns Zufluchtsorte. Wir träumen uns in den unberührten Garten Eden hinein, in dem wir vor allen Gefahren bewahrt werden.

Doch auch zu anderen Grenzräumen führt uns der Autor. Den Fußspuren bedeutender Entdecker und Reisender folgend, lauschen wir den Geschichten ihrer großen Entdeckungen und Begegnungen mit anderen Völkern und streifen durch alle Epochen, von den Ländern eines *Homo sapiens* bis zu den Rändern des Weltalls. Nachdenklich betrachten wir die seltsamen Grenzzäune und trennenden Mauern, die unseren Erdball überziehen und ihn beschränken. Gibt es überhaupt noch „herrenloses“ Land?

Und schließlich führt uns die Expedition über die uns bekannte Welt hinaus. Wir tauchen ein in imaginäre Universen, in denen sich die Grenzen der Realität verschieben. In das Anderswo der Fabeln und Mythen, in denen Gesellschaften komplett neu erschaffen werden: Utopie oder Albtraum?

Anhand einzigartiger Fotografien, Karten und seltener Dokumente unternimmt der Atlas mit uns spannende Ausflüge um den Planeten und darüber hinaus – eine atemberaubende Reise auf 256 Seiten.

INHALT

VERLOCKENDES ANDERSWO

Homo sapiens auf Eroberungszug um die Welt 8
Erste Umseglung Afrikas? 12
Die amerikanische Wikingersaga 16
Die Kartierung der Welt durch al-Idrisi 20
Die Reise des Marco Polo 22
Rabban Bar Sauma, der chinesische Marco Polo 24
Mansa Musa, Pilgerfahrt als Werbekampagne 26
Die Schatzflotte des Zheng He 28
Christoph Kolumbus, Begegnung mit der Neuen Welt 32
Warum musste Cook sterben? 36
Immer weiter Richtung Wilder Westen 40
Die Erkundung der Welt auf weibliche Art 44
Metaversum, das virtuelle Anderswo 46

IMAGINÄRE GRENZRÄUME

Gilgamesch: Ewiges Leben am Ende der Welt? 52
Die Kreaturen des Ktesias 54
Die Säulen des Herakles, Grenze der bekannten Welt 58
Am nördlichsten Rand: Die mythische Insel Thule 62
Der Limbus, unweit der Hölle 66
Das sagenhafte Königreich des Priesters Johannes 70
Vorsicht: Hier sind Drachen! 72
Atlantis, die „wahre Sage“ 76
Die Phantominsel Sandy Island 80
Zwischen Himmel und Erde: Der Berg Analog 82
Die Ränder der flachen Erde 84

AN DEN RÄNDERN DER WELT

Point Nemo, weit entfernt von jedem Festland 90
Fern aller Küsten: Pol der Unzugänglichkeit 92
Tristan da Cunha, Insel der Einsamkeit 94
Die Antipoden: Direkt unter unseren Füßen 98
Die Grenzen der koordinierten Weltzeit 100
Ganz im Süden: Kap Hoorn 102
Die Kármán-Linie: An der Grenze zum Weltraum 106
Null Island, ein viel besuchter Nicht-Ort 108
Von Buxtehude nach Timbuktu 110
Mount Everest, Berg der Extreme 112
Parallelwelt in der Höhle Hang Son Doong 114
Tridrangar, ein weiterer Leuchtturm am Ende der Welt 118
Der Rand des beobachtbaren Universums 120

ERSTAUNLICHE GRENZEN

Die höllische Kehrseite von Iguazú 124
Roraima, *Die vergessene Welt* 128
Zwischen gestern und heute: die Diomedes-Inseln 134
Grenze zwischen USA und Kanada: eine Schneise 136
Der Sambesi, beinahe ein Vierländereck 140
Zur falschen Grenzseite: Das Leuchtfeuer von Märket 142
Der Wachankorridor, ein Tal außerhalb der Zeit 146
Wechselnde Nationalität auf der Fasaneninsel 150
Baarle, ein riesiges Puzzle 152

VERLASSENES LAND, BEGEHRTES LAND

Terra nullius, ein Niemandsland 156
Grenzen im Ewigen Eis: Marie-Byrd-Land 162
Mehrere Bewerber für Bir Tawil 168
Clipperton, Atoll der Vergessenen 170
Große Pläne für die kleine Hans-Insel 174
Der König der Écréhous 176
Liberland, ein Phantomstaat 180
Umstrittene Klassifizierung der Îles Glorieuses 184

VOR UND HINTER MAUERN

Welt der Mauern 190
Ebla, die dienstälteste Mauer 194
Mauern der Römer: Hadrians- und Antoninuswall 196
Offene Tore an der Chinesischen Mauer 200
Gog und Magog, die Mauer in der Apokalypse 204
Eine Mauer gegen die Pest 206
Die Berliner Mauer 210
Gefangen in der kritischen Zone 214
Unsichtbare Schranken in den „Involuntary Parks“ 216

TERRAE INCOGNITAE IM 21. JAHRHUNDERT

Die Cordillera Darwin, weiß und unberührt 220
Gesellschaft der französischen Entdecker 226
Mount Lico: Entdeckt mittels Fernerkundung 228
Ein letzter Garten Eden im Makay-Massiv 232
Indigener Widerstand auf North Sentinel Island 236
Erstkontakt im Javari-Tal 238
Sarawak, Labyrinth unter der Erde 242
Gangkhar Puensum, jungfräulich in alle Ewigkeit 246
Die Abgründe der Tiefsee 248
Unerkundbare Exoplaneten 252

VERLOCKENDES **ANDERSWO**

Die Welt hat nicht immer schon existiert. Verstanden als Lebensraum der Menschheit, ist sie das von *Homo sapiens* siegreich eroberte „absolute Anderswo". Die Mitglieder seiner Gattung, ewig wandernd, haben sich zunächst in alle Winde zerstreut, bevor sie sich mit anderen Menschen zusammentaten. Die Beziehungen zwischen den Zivilisationen sind ein Wechselspiel von Austausch und Konfrontation. Die Geschichte der Welt ist eine Welt der Geschichten, die oft an ihren Rändern und häufiger bei Begegnungen als bei großen Expeditionen geschrieben werden. Die Europäer besaßen nie ein Vorrecht auf das Entdeckertum. Das Anderswo der Einen ist nie nur das Land der Anderen.

HOMO SAPIENS AUF EROBERUNGSZUG UM DIE WELT

Homo sapiens, der ewige und unaufhaltsame Nomade, wurde durch das Wandern und für das Wandern geschaffen. Seit ihren Anfängen zieht es die Menschheit an die äußersten Ränder der Erde.

Weltweit

Die wandernde Art aus der Gattung *Homo*

„*Homo sapiens* auf Eroberungszug um die Welt", so könnte der Titel einer Serie lauten, deren Handlung wir fast vollständig kennen. Auch wenn die Debatte zwischen den für eine einzige Heimat in Afrika plädierenden Theoretikern und den Anhängern eines weiter verzweigten Evolutionsmodells bis heute anhält. Doch ungeachtet des Szenarios ist der Held stets derselbe: das verletztlichste Geschöpf von allen, das sich am weitesten auf dem Planeten ausbreitete und ihn bis in die äußersten Winkel besiedelte. Dieser außergewöhnlich geschickte Zweibeiner legte einen grenzenlosen Expansionsdrang und eine unerschütterliche Anpassungsfähigkeit an den Tag. Von Beginn an drängte es *Homo sapiens* an die Grenzen, die er immer weiter verschob. Der Abenteurer bewältigte jedes Hindernis auf seiner stetigen Wanderschaft, er legte zahllose Kilometer zurück, erklomm die Berge und bezwang die Meere. *Jenseits von Afrika, Staffel 1*: Vor rund zwei Millionen Jahren wagte es *Homo ergaster,* seine „Wiege" in Afrika zu verlassen und den Erdball zu erobern. Daraus gingen neue Menschenarten hervor, wie die Neandertaler in Europa oder die Denisova-Menschen in Asien. *Jenseits von Afrika, Staffel 2*: Vielleicht aus klimatischen Gründen machte sich vor etwa 70 000 Jahren *Homo sapiens* von der ostafrikanischen Küste aus auf die Reise, die ihn zu Fuß über den Sinai oder auf aus Zweigen gebauten Flößen über das Rote Meer führte. Auf seiner Expedition durch Asien, Australien, Europa und Sibirien bis nach Nord- und Südamerika kamen dem Menschen die Zwischeneiszeit und ein niedriger Meeresspiegel zugute. Unterwegs kreuzte er die Wege seiner Vorgänger. Bevor er diese schließlich verdrängte, vermischte er sich mit ihnen. Dies brachte ihm selektive Vorteile ein, die ihn für seine weitere Entwicklung rüsteten. Nun erwarten wir gespannt *Staffel 3* unserer Serie, von der wir nur die Kulisse kennen: Sie spielt im Anthropozän, dem Zeitalter also, in dem der Mensch bedeutenden Einfluss auf die Erde nimmt. Wird *Homo sapiens* alles daransetzen, unseren Planeten zu verlassen – egal zu welchem Preis? So prophezeite es Konstantin Ziolkowski, der Vater der Kosmonautik, als er sagte, dass niemand für immer in seiner „Wiege" bleiben würde. Oder ist der Mensch in der Lage, die nährende Mutter Erde, Gaia, zu beschützen, die ihm einst das Leben schenkte und die er bereits stark zerstört hat? Das Szenenbild unserer neuen Grenzen wird gerade entworfen.

Linke Seite
Der Ostafrikanische Grabenbruch (Rift Valley) in Kenia birgt viele Spuren von Hominiden. Er galt lange Zeit als die Wiege der Menschheit – eine Theorie, die heute in Frage gestellt wird.

Nächste Doppelseite
Hypothese zur Ausbreitung des modernen Menschen von seiner „Wiege" in Afrika über alle Kontinente.

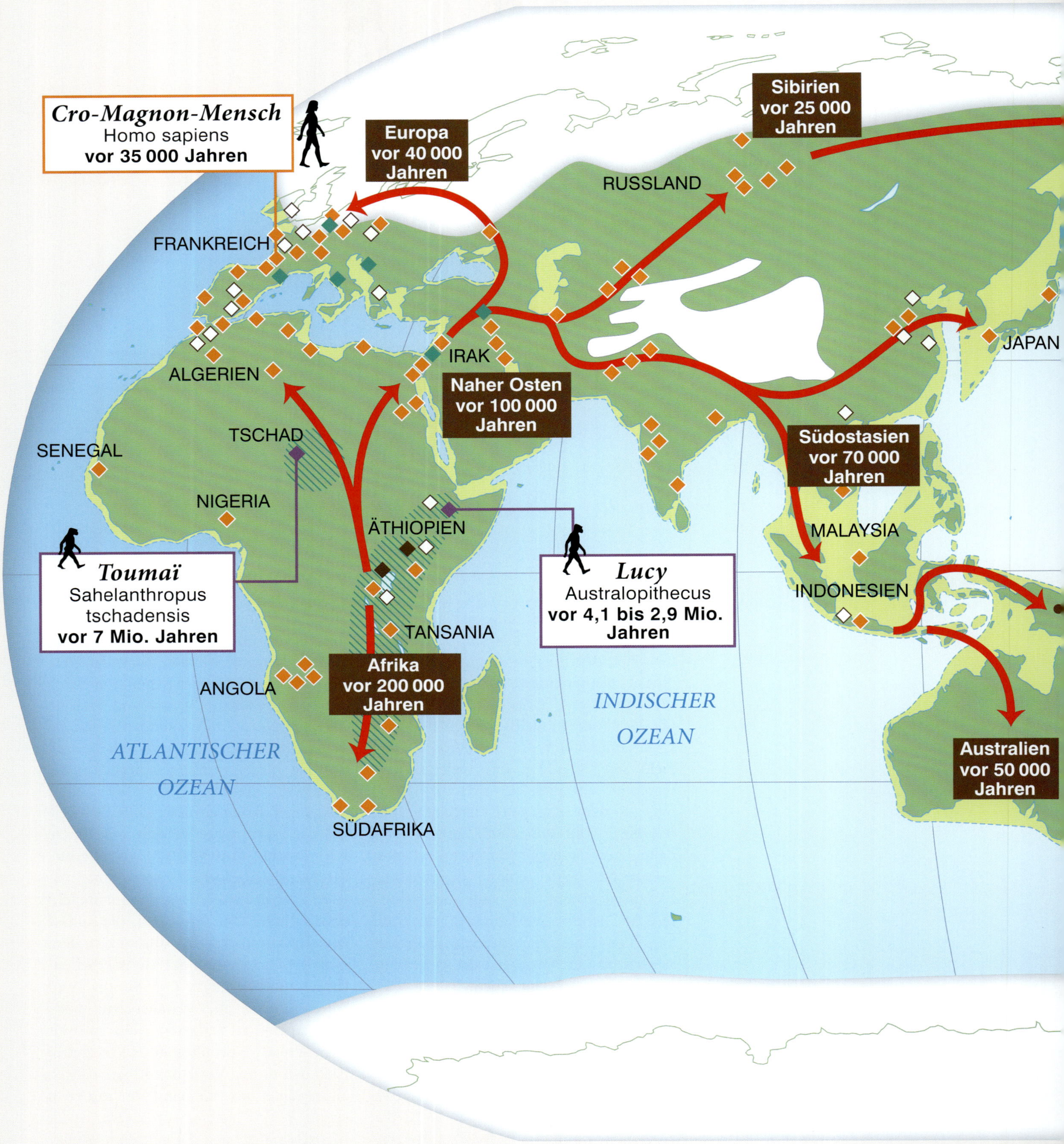

Cro-Magnon-Mensch
Homo sapiens
vor 35 000 Jahren
Europa
vor 40 000
Jahren
Sibirien
vor 25 000
Jahren
RUSSLAND
FRANKREICH
IRAK
JAPAN
ALGERIEN
Naher Osten
vor 100 000
Jahren
SENEGAL
TSCHAD
Südostasien
vor 70 000
Jahren
NIGERIA
ÄTHIOPIEN
MALAYSIA
Toumaï
Sahelanthropus
tschadensis
vor 7 Mio. Jahren
Lucy
Australopithecus
vor 4,1 bis 2,9 Mio.
Jahren
INDONESIEN
TANSANIA
ANGOLA
Afrika
vor 200 000
Jahren
INDISCHER
OZEAN
ATLANTISCHER
OZEAN
Australien
vor 50 000
Jahren
SÜDAFRIKA

Bering-
straße
Nordkanada
vor 4500
Jahren
Alaska
vor 15 000
Jahren
USA
vor 12 000
Jahren
ZIFISCHER
OZEAN
MEXIKO
Neuguinea
vor 30 000
Jahren
KOLUMBIEN
ECUADOR
BRASILIEN
CHILE
ARGENTINIEN
Patagonien
vor 9000
Jahren
Hauptgruppen
des frühen Menschen
Erste Hominiden
(vor 7 bis 2,5 Mio. Jahren)
Homo habilis
(vor 2,5 bis 1,3 Mio. Jahren)
Homo erectus
(vor 1,7 bis 450 000 Jahren)
Homo neanderthalensis
(vor 400 000 bis 30 000 Jahren)
Homo sapiens
(seit 200 000 Jahren)
Wanderungen des Homo sapiens
Passagen
Vermutliche Landfläche vor dem
Anstieg des Meeresspiegels
(Flandrische Transgression)
Eisschild
©legendes-cartographie.com

ERSTE UMSEGLUNG **AFRIKAS?**

Mehr als 2000 Jahre vor Vasco da Gama sollen die Seeleute des Pharaos Necho II. erstmalig Afrika umfahren haben. Bis heute wird die Leistung aufgrund einer Bemerkung zum Sonnenstand angezweifelt.

Die eventuelle Umrundung Afrikas im ausklingenden 7. Jahrhundert v. Chr. ist uns von Herodot etwa zweihundert Jahre nach dem vermeintlichen Ereignis überliefert worden. Der Vater der Geschichtsschreibung lässt sich in seinen *Historien* über die Geografie der drei seinerzeit bekannten Kontinente aus. Necho II. habe bewiesen, so Herodot, dass Libyen, wie Afrika damals hieß, vollständig von Wasser umgeben sei. Der Pharao der 26. Dynastie stellte die von seinem Vorgänger begonnenen Grabungsarbeiten des Suezkanals ein. Stattdessen heuerte er phönizische Seeleute an, die Afrika vom Roten Meer aus umrunden sollten, also entgegen der Richtung, die Vasco da Gama auf seiner Route 1498 einschlagen würde. Herodot machte keinerlei Angaben zur Flotte, zum Reiseverlauf oder zu den Völkern, denen man unterwegs begegnete. Er berichtete lediglich davon, dass drei Jahre später die Phönizier zwischen den Säulen des Herkules – der Meerenge von Gibraltar – hindurchfuhren, bevor sie wieder in Ägypten eintrafen. Auf ihrer Fahrt leg-

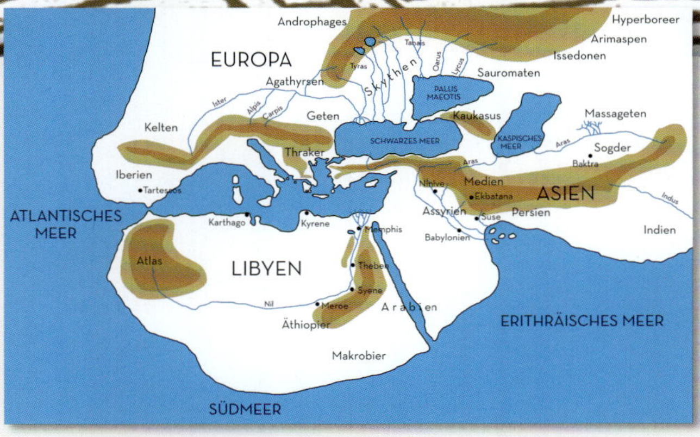

Oben
Transportschiff der Phönizier aus dem heutigen Libanon. Sie galten als die geschicktesten Seefahrer der Antike.

Rechts
In Herodots Welt gab es drei Kontinente: Europa, Asien und Libyen, den er für den kleinsten hielt.

Afrika

In drei Jahren rund um Afrika

ten die Seeleute lange Aufenthalte ein, säten Getreide aus und warteten die Ernte ab. Der Historiker schien an diese Umseglung Afrikas zu glauben. Einzig der Bericht der Überlebenden bei ihrer Rückkehr trübte sein Bild: „Sie erzählten – was mir zwar nicht glaublich ist, vielleicht aber einem andern – dass sie bei ihrer Fahrt um Libyen die Sonne zur Rechten gehabt.“ Bis heute wird diese kurze rätselhafte Erwähnung des Sonnenstands als Beweis oder Gegenbeweis für die angebliche Reise herangezogen. Denn die Bemerkung, die seinerzeit Herodots Zweifel schürte, könnte durchaus auch dafür sprechen, dass diese Umrundung Afrikas stattgefunden hatte. Tatsächlich steht auf dem Mittelmeer, wenn man von Osten nach Westen fährt, die Sonne nie zur Rechten. Südlich des Äquators dagegen wandert die Sonne nach Norden, wenn man Kurs Richtung Westen nimmt. Weshalb aber hätten die Phönizier zum Beweis ihrer Reise ein solches Detail wider jede seemännische Vernunft erfunden? Diese Frage beschäftigt die Historiker bis heute.

Oben
Phönizisches Schiff mit rechteckigem Segel; Relief auf einem Sarkophag aus dem 2. Jahrhundert v. Chr.

Rechts
Seine Feldzüge führten Necho II. bis an den Euphrat, wo ihn der Babylonier Nebukadnezar besiegte.

Rechte Seite
Herodot war ein ebenso großer Reisender wie Schreiber. Cicero bezeichnete ihn als den „Vater der Geschichtsschreibung".

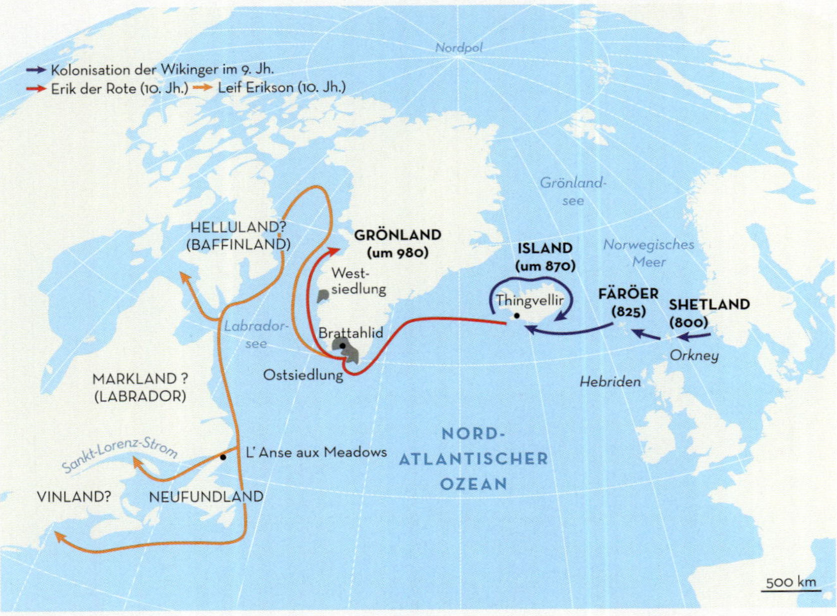

DIE AMERI-KANISCHE **WIKINGER-SAGA**

Nach den jüngsten wissenschaftlichen Erkenntnissen lautet die Frage nicht, ob die Wikinger um das Jahr 1000 Amerika erreicht haben, sondern warum sie nicht dort geblieben sind.

Weltweit

L'Anse aux Meadows (Neufundland) ist ein UNESCO-Weltkulturerbe.

Oben
Die Routen von Erik dem Roten von Skandinavien bis nach Grönland und die seines Sohns Leif Erikson ins heutige Neufundland.

Rechte Seite
Immer weiter nach Westen. Die Grönländersaga und die Erikssaga, beide aus dem 13. Jahrhundert, erzählen davon, wie die Wikinger einst Vinland besiedelten.

Nächste Doppelseite
Willkommen im Jahr 1000 in einer originalgroßen Wikingersiedlung. Die archäologische Fundstätte von L'Anse aux Meadows ist ein UNESCO-Weltkulturerbe; Neufundland, Kanada.

In den altnordischen Sagas steckt Wahrheit. Tatsächlich fuhren die Wikinger über den Atlantik und waren Christoph Kolumbus um mindestens 471 Jahre voraus. Das haben Wissenschaftler kürzlich anhand eines Sonnensturms zweifelsfrei nachgewiesen. Es sind epische Geschichten, halbe Legenden und teilweise unterschiedlich. Doch alle berichten davon, wie das unerschrockene skandinavische Seefahrervolk immer weiter nach Westen vordrang. Die *Erikssaga* erzählt von dem norwegischen Entdecker Erik dem Roten. Des Totschlags beschuldigt, wurde er zuerst aus Norwegen und dann aus Island verbannt. So stach er in See, um in Grönland eine Kolonie zu gründen. Durch einen Sturm vom Kurs abgekommen, landete sein Sohn – oder der Sohn eines Gefährten Eriks – zufällig um 1000 n. Chr. an einer Küste und taufte die ihm unbekannte Gegend „Vinland". Die üppigen Weinreben, die vielen Wälder und der milde Winter waren für ihn ein Segen im Vergleich zur eisigen grönländischen Kolonie. Bei diesem Schlaraffenland handelte es sich recht eindeutig um Neufundland. Bereits 1960 und erneut 2015 konnten Archäologen die Anwesenheit der Wikinger vor Ort belegen. Im Oktober 2021 bestätigte ein niederländisches Team, dass die Gefährten Eriks des Roten in L'Anse aux Meadows, an der Nordspitze der Insel, exakt im Jahr 1021 Holz gefällt haben mussten. Ein Sonnensturm machte diese präzise Datierung möglich. 993 setzte die Sonne einen elektromagnetischen Sturm frei, der sich in den Wachstumsringen aller Bäume der Erde sichtbar niederschlug. Mithilfe der Radiokarbonmethode (C14-Datierung) zählten und datierten die Wissenschaftler die Jahresringe der seinerzeit in L'Anse aux Meadow gefällten Holzstämme. Quod erat demonstrandum. Zu enthüllen bleibt nur noch der Grund, warum die Wikinger das gelobte Vinland wieder aufgaben. Archäologen verfolgen zwei Theorien: Die erste führt zum Volk der „Skrælingar". Als dunkel, schmächtig und hässlich behaart wurden die amerikanischen Ureinwohner von den Nordmännern in ihren Sagas beschrieben. Sie interessierten sich zwar sehr für die ihnen völlig unbekannten Metallwerkzeuge der Wikinger, aber sie traten den Kolonialisten feindselig gegenüber. Als zweite Theorie gilt eine Abkühlung des Klimas. Dadurch verloren die schwer zugänglichen Regionen am Rande der damals bekannten Welt an Attraktivität. Diese Welt hatten die Wikinger allerdings bereits beträchtlich erweitert.

DIE KARTIERUNG DER WELT DURCH AL-IDRISI

Im Mittelalter fertigte ein muslimischer Gelehrter eine der vollständigsten Beschreibungen der westlichen Welt an. Sein Name: al-Idrisi.

Sizilien 1154. Rund fünfzehn Jahre recherchierte er, dann beschriftete und kommentierte der Gelehrte al-Idrisi, vermutlich gebürtig aus Marokko, seine illustrierte Weltkarte *Tabula Rogeriana*. Er benannte sie zu Ehren des christlichen Königs Roger II., Nachfahre eines normannischen Adelsgeschlechts, das einst Sizilien erobert hatte. Damals lebten auf der mehrheitlich von Muslimen bevölkerten Insel christliche, jüdische und lateinische Minderheiten. Roger II. war ein bekannter Mäzen und wollte die damaligen geografischen Kenntnisse über die Welt seiner Zeit zusammentragen. Er beauftragte al-Idrisi, den weit gereisten Kenner der Mittelmeerregion, mit der Anfertigung einer in Silber gravierten Planisphäre samt Kommentaren. Dieser unterteilte die Welt in sieben Breitengrade, an die Klimazonen des Griechen

Weltweit

Auf der ursprünglichen Karte lag Norden unten.

Oben

Rekonstruktion der Weltkarte al-Idrisis (1929): Der arabische Text ist latinisiert, die Karte nach Norden ausgerichtet. Das Original war gesüdet und die Arabische Halbinsel lag im Zentrum.

Rechts

Al-Idrissi mit der Tabula Rogeriana, Ceuta.

Ptolemäus angelehnt, und in zehn Längengrade. Jedes einzelne der insgesamt siebzig Felder kartierte und beschrieb er gewissenhaft. Innovativ waren die minutiös gesammelten Informationen, die al-Idrisi geduldig mit Wissen aus früheren Schriften und mit Erfahrungsberichten der Händler, Seefahrer und eigens beauftragten Gesandten abglich, sowie die beispiellose Qualität der Kommentare zu Europa. So entstand das vollständigste und detaillierteste Bild des lateinischen Westens – aus der Hand eines arabischen Geografen. Nach 15 Jahren Arbeit legte al-Idrisi die *Tabula Rogeriana* vor, die 5000 Orts-, Fluss- oder Bergnamen und eine enzyklopädische Beschreibung der bekannten Welt enthielt: Naturräume, Straßen, Handel, Entfernungen, Architektur, Wunderliches, Gebräuche etc. Leider behielt die Nachwelt die hohen Ansprüche der *Tabula Rogeriana* nicht bei. Schon ab dem 11. Jahrhundert bevorzugte die arabische Geografie literarische anstelle exakter wissenschaftlicher Produktionen in der Art, wie sie al-Idrisi mit seiner *Tabula Rogeriana* (vollständiger Titel *„Reise des Sehnsüchtigen, um die Horizonte zu durchqueren"*) damals angestrebt hatte.

Cy commence le livre de marc paul : Et des merveilles

Cy apres commence le livre de marc paul des merveilles dasie la grant et dinde la maiour et mineur. Et des diverses regions du monde.

Pour savoir la pure verite de diverses regions du mon
de. Si prenez ce livre cy et le faittes lire. si y trouverez les
grandismes merveilles qui y sont escriptes. De la grant
ermenie. et de perse. et des tartars. et dinde et de main
tes autres provinces. si comme nostre livre comptera par
ordres appertement. de quoy messire marc pol. sages et
nobles citoiens de venisse raconpte pour ce que il le

DIE REISE DES **MARCO POLO**

Ende des 13. Jahrhunderts, als die Kenntnisse über die Welt noch sehr lückenhaft waren, gaben kommerzielle Interessen den Anstoß zu einer legendären Reise.

Europa und Asien

Reisedauer: 24 Jahre
Mission: Business und Diplomatie

Marco Polo war nicht der erste Europäer bzw. „Lateiner", wie man sie in jener Zeit nannte, der bis nach China kam. Doch die Dauer seiner Unternehmung – insgesamt 24 Jahre – und der im Anschluss verfasste Detailbericht Marco Polos machen sie zu einer der faszinierendsten Reisen der Geschichte. Sogar Christoph Kolumbus hatte bei seinem Aufbruch nach „Indien" das berühmte Werk *Le divisament dou monde (Die Wunder der Welt,* erschienen 1298) im Gepäck, das Rustichello da Pisa nach dem Diktat von Marco Polo verfasst hatte. Marco war 17 Jahre alt, als er 1271 mit seinem Vater, Onkel und zwei vom Papst entsandten Dominikanermönchen von Venedig zu einer Reise aufbrach, die sowohl kommerzielle als auch diplomatische Ziele verfolgte. Niccolò und Matteo Polo hatten diese Reise in das ferne Zentralasien schon einmal unternommen und waren dabei bereits dem Großkhan Kublai begegnet, somit kannten sie die lange und oft gefährliche Route. Über Persien zogen die Männer durch die weiten Ebenen Asiens und über die Karawanenrouten der Seidenstraße, bis sie nach drei Jahren am Hofe des Mongolenkaisers eintrafen. Für Marco, dem es gelang, sich Kaiser Kublai Khan unentbehrlich zu machen, brach nun ein neues Leben an. Als Bote, Gesandter, Kundschafter und Spion bereiste der junge venezianische Kaufmann 15 Jahre lang das Kaiserreich und über die Grenzen hinaus, notierte seine Beobachtungen und stand seinem Herrn zu Diensten. Die Reise führte ihn unter anderem durch China, Tibet, Burma, Kambodscha und Indien. Erst 1291 ließ der Großkhan Marco Polo mit seinem Vater und Onkel weiterziehen – unter der Bedingung, dass sie die mongolische Prinzessin Kököchin bis nach Persien begleiteten, denn sie war dort Ilchan Arghun, einem Großneffen des Kaisers, zur Ehe versprochen. Ihre Rückreise erfolgte auf dem Seeweg über Sumatra, Ceylon, Indien und die Straße von Hormus. Auf dem letzten Stück nach Venedig wurde der kleinen Reisegruppe in Trapezunt, das in der Hand der Genueser war, ein Großteil ihrer Habe geraubt. Erst 1295, nach einem strapaziösen Vierteljahrhundert, kehrte Marco in die Serenissima zurück.

Linke Seite
„Die Gebrüder Polo verlassen Konstantinopel." Buchmalerei aus Il Milione (um 1410), das auch unter dem Titel Die Wunder der Welt *bekannt ist. Es enthält die Bilderhandschrift* Das Buch der Wunder *nach Marco Polo (Bibliothèque nationale de France, Paris).*

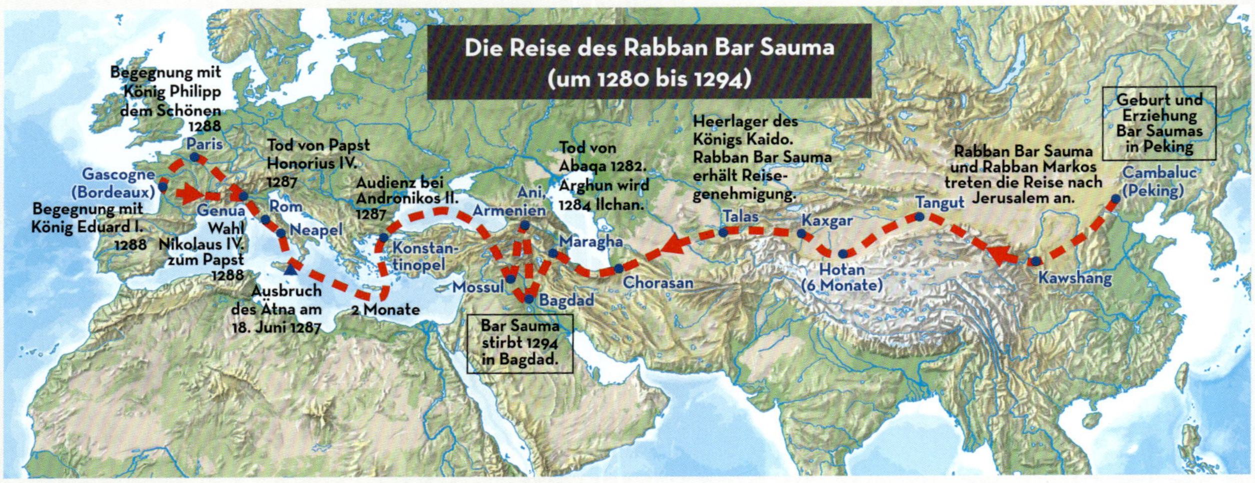

RABBAN BAR SAUMA, DER CHINESISCHE MARCO POLO

Zur selben Zeit wie der berühmte Venezianer reiste ein christlich-uigurischer Mönch in umgekehrter Richtung von China nach Europa und traf unterwegs einige Khans, Könige und einen Papst.

Europa und Asien

In Gegenrichtung zu Marco Polo

Oben
Seine Reise führte Rabban Bar Sauma von Peking nach Genua und über Bordeaux zurück nach Bagdad, wo er starb.

Rechte Seite oben
Auszug eines Briefs von Arghun Khan an Philipp den Schönen, den König von Frankreich. Darin erwähnt sind Bar Sauma und das Vorhaben, sich gegen die Araber zu verbünden.

Rechte Seite unten
Arghun Khan trägt seinen Sohn auf dem Arm, sein Vater sitzt hoch zu Ross und blickt zu ihm herab. Persische Miniatur aus dem 14. Jahrhundert.

Marco Polos Name und Abenteuer gingen in die Geschichte ein. Eine andere Persönlichkeit ist weniger bekannt, doch ihre Reise nicht minder bemerkenswert: Rabban Bar Sauma war nicht der Erste, der eine Reise vom Morgenland ins Abendland unternahm, doch er war der Erste, der seine Reise so detailliert dokumentierte. Das Originalwerk ging verloren, aber Ende des 19. Jahrhunderts wurde eine gekürzte Abschrift gefunden. Dieser autobiografische Bericht ist das einzigartige Zeugnis eines Asiaten über die Stabilität und die Handelsbeziehungen in Eurasien im 13. Jahrhundert nach den mongolischen Eroberungszügen, also zur Zeit des mongolischen Friedens. Damals stand Marco Polo, von Venedig in den Orient gekommen, im Dienst des Kaisers von China, einem Enkel Dschingis Khans. Rabban Bar Sauma indessen war turko-mongolischer Herkunft und in Peking geboren. Er vertrat als nestorianischer Mönch die christliche Zwei-Naturen-Lehre, nach der sich in Jesus die göttliche und die menschliche Natur vereinen. Rabban Bar Sauma verließ China für eine Pilgerreise nach Jerusalem. Die unter islamischer Herrschaft stehende heilige Stadt sollte er allerdings nie erreichen. Zum Bischof der Kirche des Morgenlandes geweiht, reiste er für Arghun Khan, den mongolischen Herrscher von Persien, 1287 in diplomatischer Mission weiter. Ziel war, mit Unterstützung des Papstes und christlicher Könige gegen die damaligen muslimischen, aus Ägypten und Syrien stammenden Herrscher von Jerusalem eine Allianz zu schmieden. Seine Reise führte Rabban Bar Sauma auf dem Land- und Seeweg bis nach Bagdad, Konstantinopel und Neapel. Über Rom und Genua kam er nach Paris, wo er von Philipp dem Schönen in der Sainte-Chapelle empfangen wurde, bevor er nach Bordeaux weiterreiste. Dort hielt er für Eduard I., den König von England, eine Messe. Auf jeder Etappe notierte Rabban Bar Sauma seine Kommentare, in denen er die Verwunderung und Begeisterung über westliche Sitten und Bauwerke ausdrückte. Besonders die Kirchen, Heiligtümer und Reliquien hatten es ihm angetan. Seine diplomatische Mission scheiterte am Ende und Rabban Bar Sauma kehrte zu dem Khan zurück. Er starb 1294 in Bagdad, weit entfernt von China, in das er nach der traumatisierenden Hinreise nie wieder zurückkehren wollte. „Es wäre töricht", so schrieb er, „zweimal über denselben Stein zu stolpern."

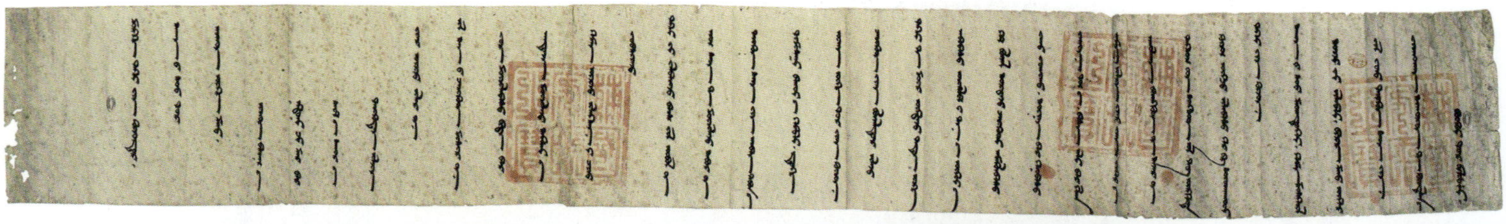

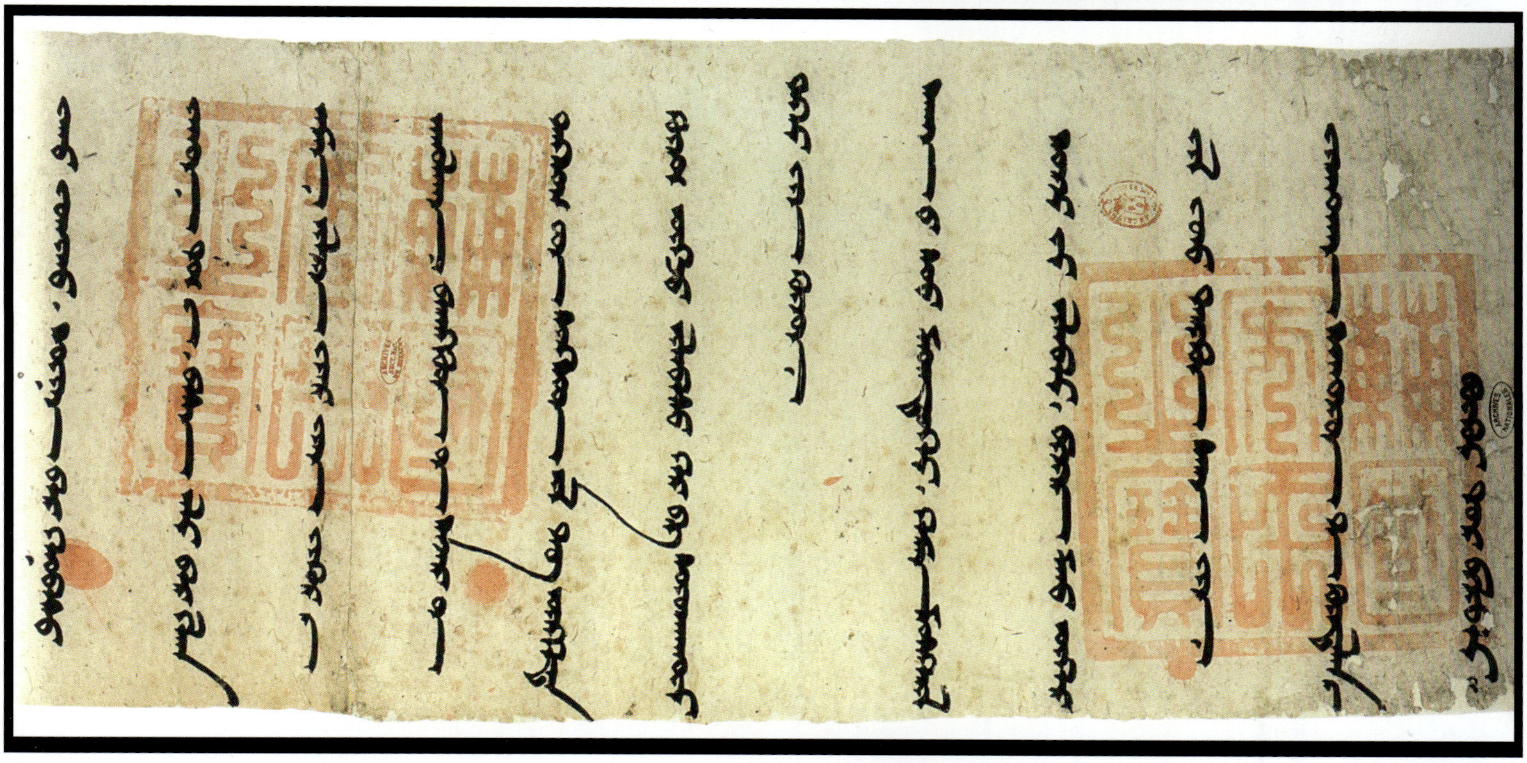

tota aquesta muntaya
delonch es apellade carena per
serrayns et p crestians es apellade muntis
claris e sapiats q en aquesta dita muntaya ha
moltes bones villes e castels los quals com
baten los huns ab los altres encara es la dita mun
taya e abundade pa e de vin e d oli e de totes bons
fruytes
sigilmessa
ASHARA
aquest senyor negre es apellat
musse melly senyor dels negres
de gineua aquest rey es lo pus
rich el pus noble senyor de tota
esta ptida p la abondancia de lor l
qual se recull en la sua terra
buda
Tota aquesta ptida tenen gens q son
enbossats q no les ueu hom sino los ulls
e uan en tendes e son caualcades al
camels e ay besties qui han nom lemp
e d aquel cuyr fan les bones adargues
ciutat de melly

MANSA MUSA, PILGERFAHRT ALS WERBEKAMPAGNE

Der König von Mali nutzte eine fromme, doch prunkvolle Reise nach Mekka, um für seine unermesslich reichen Ländereien zu werben.

Afrika

Eine Karawane von 15 000 Männern

Linke Seite
Mansa Musa auf dem Thron in Timbuktu, mit einem großen Goldklumpen in der rechten Hand. Seekarte im Katalanischen Weltatlas, um 1375 (Bibliothèque nationale de France, Paris).

Unten
Mansa Musas prächtige Karawane verlässt Kairo in Richtung Mekka. Illustration Ende des 17. Jahrhunderts.

Seine Werbekampagne hatte durchschlagenden Erfolg, denn die Legende des Mansa Musa ging in die arabischen Chroniken des 14. Jahrhunderts ein und wird bis heute im Internet fortgeschrieben. „Wer war dieser reichste Mensch aller Zeiten?“, fragen sich seriöse und bisweilen auch weniger seriöse Webseiten. Musa hieß der zehnte Mansa, der König der Könige von Mali, der mit einem geschätzten Vermögen von 400 Milliarden Dollar vor Bezos, Musk und Arnault auf Platz eins liegt. Er regierte zwischen 1312 und 1337 ein Reich, das sich auf dem Höhepunkt befand und sich über fast den gesamten westlichen Sahel bis zum Atlantik und den Tropen erstreckte. Mansa Musas Herrschaftsgebiet war gewaltig und seine Reichtümer werden vom Britischen Museum auf die Hälfte der gesamten Goldvorkommen in der Alten Welt geschätzt. Doch trotz seines unermesslichen Reichtums war Mansa Musa weitgehend unbekannt. Als er sich 1324 für eine Reise nach Mekka entschloss, war die Pilgerfahrt das Ziel, aber nicht der alleinige Zweck. Anders als sein Vorgänger, der bei einer Expedition mit 2000 Schiffen auf dem Meer verschollen war, wollte Mansa Musa nicht ins Ungewisse aufbrechen, sondern sein Imperium den größten Sultanen jener Zeit präsentieren. Die Zahlen in den Quellen sind unterschiedlich, doch allesamt astronomisch: Musas Karawane nach Mekka umfasste mindestens 15 000 Männer und zwölf Tonnen Gold. Unterwegs stockte Musa seine Gesandtschaft weiter auf, vor allem in Kairo, wo seine üppigen Geschenke großen Eindruck und Bewunderung hinterließen. Mansa Musa verschwendete so viel Gold, dass der Goldpreis für mehrere Jahre rapide sank. Damit befeuerte er auf seiner Durchreise die Legende, die bereits zuvor über Mali kursierte: Dort würde das Gold „wie Gemüse“ wachsen. Mansa Musa kehrte aus Mekka in Begleitung einiger Gelehrter, Dichter und Architekten zurück, unter ihnen ein berühmter Andalusier, der später in Timbuktu die Djinger-ber-Moschee erbaute. Viele Jahrhunderte sollte Timbuktu als afrikanisches Eldorado die Fantasie der Menschen beflügeln. Leider zerbrach nach Musas Tod das Reich infolge der Machtstreitigkeiten seiner Nachfahren.

DIE SCHATZFLOTTE DES ZHENG HE

Um den Glanz der Ming-Dynastie zu exportieren und mehr Einfluss zu gewinnen, betraute der chinesische Kaiser Yongle seinen treuen Eunuchen Zheng He mit unfassbar weiten Expeditionen übers Meer.

Asien, Arabien und Afrika

Eine lebende Giraffe reiste von Kenia bis nach China.

Oben
Sieben aufeinanderfolgende Expeditionen innerhalb von achtundzwanzig Jahren in über dreißig Länder.

Rechte Seite
Statue von Zheng He auf der Insel Java, Indonesien. Die kaiserlichen Chronisten beschrieben ihn mit stechenden Augen, breiter Stirn und mächtiger, glockengleicher Stimme.

Nächste Doppelseite
300 Schiffe stachen 1405 bei der ersten Expedition in See, also doppelt so viele wie die der spanischen „unbesiegbaren Armada" Ende des 16. Jahrhunderts.

Eine solche Flotte hatte die damalige Welt noch nicht gesehen. Fast ein Jahrhundert vor Christoph Kolumbus schickte China seine „Schatzflotte" an die Ränder des Indischen Ozeans. Manche dieser riesigen Dschunken trugen neun Masten und waren 120 Meter lang, fünfmal so lang wie die Karavellen des genuesischen Seefahrers. Die erste Expedition 1405 stach mit über 27 000 Männern in See. An Bord der rund 300 Schatzschiffe reisten Seeleute, Soldaten, Gelehrte und Übersetzer zu den Grenzen der bekannten Welt, doch an ihrer Spitze stand kein Seefahrer, sondern ein Mann aus den Bergen. Der muslimische Eunuch aus Yunnan wurde als Zehnjähriger kastriert, als die Ming-Dynastie gerade die Macht errungen hatte und die Region eroberte. Er trat in den Dienst des Prinzen Zhu Di, der ihn zwanzig Jahre später zum Großadmiral seiner Flotte ernannte. Mittlerweile hatte Zhu Di seinen Neffen vom Thron gestürzt und trug den Namen Yongle – „ewige Glückseligkeit". Nach dem Staatsstreich wollte der neue Kaiser seine Herrschaft im eigenen Land und über die Ozeane hinweg legitimieren. Es war eine überwältigende Demonstration der Macht. Der zwei Meter große Zheng He leitete sieben Expeditionen, bis er von seiner letzten Reise, die ihn 1430 nach Mekka führen sollte, nicht zurückkehrte. Er traf 67 Regenten in mehreren Dutzend Ländern, von Indien über die Arabische Halbinsel bis an die kenianische Küste. Die Männer eröffneten und befriedeten Handelsrouten. Sie knüpften ein Netz von Vasallen, ohne die Kolonisierung oder Bekehrung der Bevölkerung anzustreben. Es ging um die Demonstration von Stärke, nicht um Gewalt. Heute vergleicht chinesische Propaganda der Neuen Seidenstraßen die einstige Schatzflotte mit den großen europäischen Seeexpeditionen. Diese begannen fast zur selben Zeit, als das Reich der Mitte auf dem Höhepunkt seiner maritimen Expeditionen entschied, sich zurückzuziehen. Nach dem Tod des Yongle-Kaisers 1424 wurden die riesigen Werften von Nanjing geschlossen, da die Mandarine den Rückzug des Landes favorisierten und von mongolischer Seite neuer militärischer Druck drohte. Wie würde unsere Welt heute wohl aussehen, wenn sich die erste chinesische Globalisierung fortgesetzt hätte?

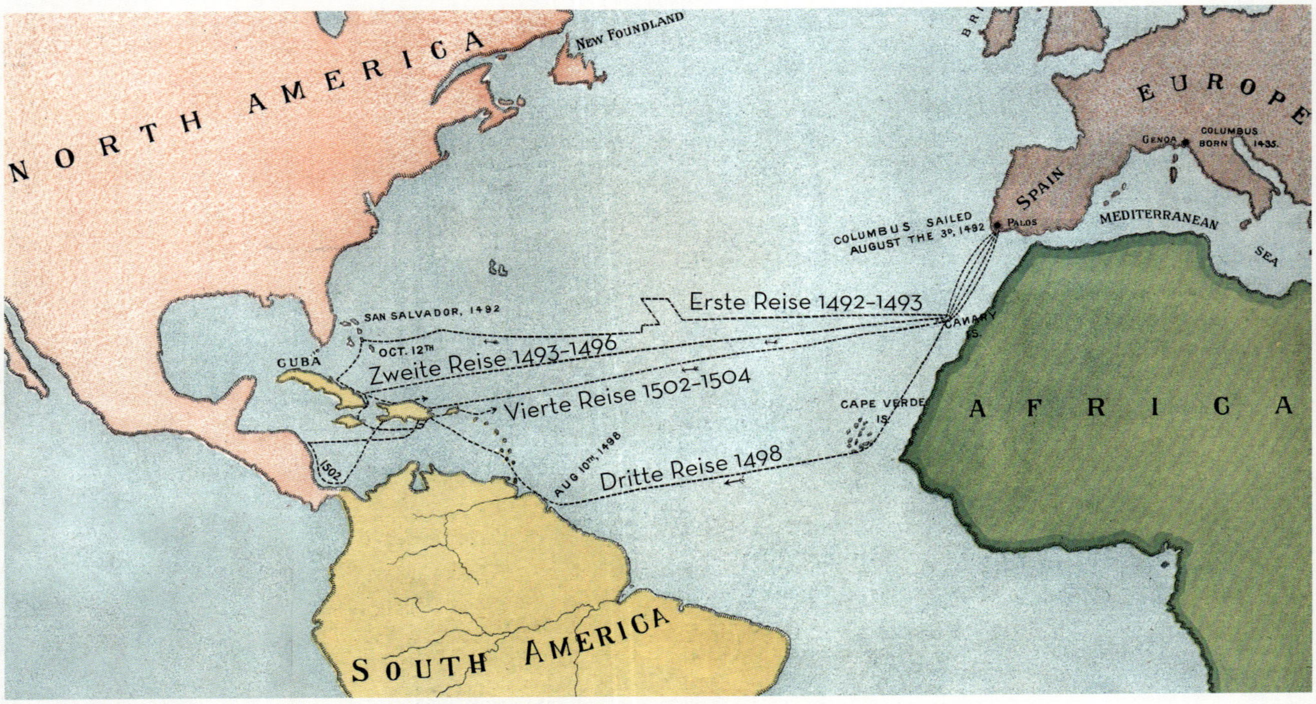

CHRISTOPH KOLUMBUS,
BEGEGNUNG MIT DER NEUEN WELT

1492. Die „Entdeckungen" des Kolumbus waren von solcher Tragweite, dass sie bald die Zeitenwende vom Mittelalter zur Neuzeit markierten.

Weltweit

Vier Reisen nach Amerika

Rechte Seite
Schenkt man den Berichten Glauben, dann verlief die erste Begegnung mit den Ureinwohnern sehr friedlich; Kupferstich von Theodor de Bry, Frankfurt/Main, 1594.

Nächste Doppelseite
Links: In dieser Bucht, Long Bay auf der Insel San Salvador (heute Teil der Bahamas), legte die Santa María *im Jahr 1492 erstmals an.*
Rechts oben: Im Auftrag der spanischen Regenten stach Kolumbus an Bord seiner Karacke Santa María*, begleitet von den beiden Karavellen* La Pinta *und* La Niña*, in See.*
Rechts unten: Karte der Insel Guanahani, welche Kolumbus in San Salvador (Heiliger Erlöser) umbenannte.

„Die Chinesen konnten, aber wollten nicht. Die Osmanen wollten, aber konnten nicht. Die Spanier und Portugiesen wollten und konnten." So resümierte der Historiker Pierre Chaunu das Schicksal der expansionistischen, im 15. Jahrhundert miteinander konkurrierenden Großmächte. In Europa sicherten sich die Portugiesen das Monopol auf den östlichen Seeweg nach Indien, indem sie ab 1415 entlang der afrikanischen Küste Stützpunkte errichteten und 1488 das Kap der Guten Hoffnung erreichten. Daher wiesen die Fachleute aus Lissabon 1484 das Projekt eines Christoph Kolumbus ab, der Indien über eine Westroute erreichen wollte. Kolumbus und sein Bruder klopften überall an, bei der französischen, englischen und auch der spanischen Krone. Ende Januar 1492 ließen sich Isabella von Kastilien und Ferdinand von Aragon auf den hartnäckigen, nach Profit strebenden Kolumbus ein. Wenige Tage zuvor war Granada gefallen, das letzte muslimische Emirat Westeuropas, und die Reconquista somit vollendet. Der weitere Verlauf ist bekannt: Am 12. Oktober erspähte der Matrose vom Ausguck der *La Pinta* ein ersehntes Stück Land, das die Männer an Bord der drei Karavellen nach drei Monaten auf See ungeduldig erhofft hatten. Der unerschütterliche Kolumbus, zweifellos ein talentierter Seefahrer, war auf eine Bahama-Insel gestoßen. Es folgten Kuba, Haiti und Hispaniola, bevor die Männer aus dem vermeintlichen Asien wieder nach Spanien zurückkehrten, wo sie ein triumphaler Empfang und unmittelbare Anerkennung erwarteten. Das eigentliche Amerika musste für seine Entdeckung auf das Jahr 1498 und die dritte Expedition des neuen Vizekönigs warten. Entdeckung? Mitnichten! Mehrere Tausend Jahre zuvor hatte *Homo sapiens* den Kontinent besiedelt. Übrigens sprechen Historiker seit dem 500. Jahrestag von Kolumbus' Reise lieber von „Begegnungen" als von „Entdeckungen" und ziehen zivilisatorisch-transkulturelle Ansätze den westlichen Sichtweisen vor. Die „Entdeckung" der „Indianer" jedenfalls mündete vor allem in Viruskrankheiten, Sklaverei und Zwangsarbeit.

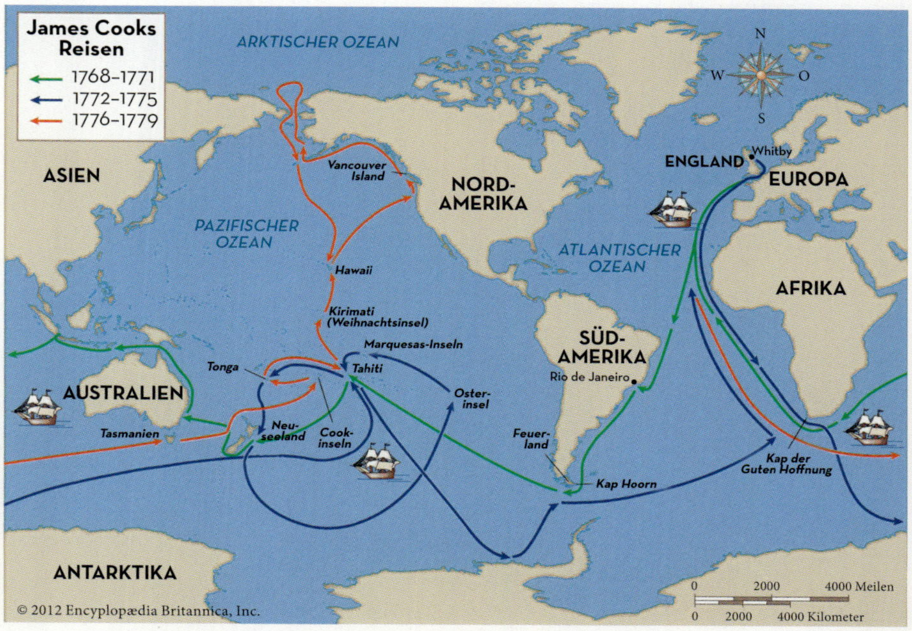

WARUM MUSSTE **COOK STERBEN?**

Beim ersten Kontakt empfingen die Hawaiianer den englischen Seefahrer wie einen Gott, bei seinem nächsten Besuch ermordeten sie ihn. Über seinen Tod streiten die Anthropologen bis heute.

Hawaii

Drei Reisen Richtung Antarktis

Oben

Bei seiner Suche nach dem legendären Südkontinent Terra australis setzte James Cook nie einen Fuß auf den Kontinent Antarktika. Verfolgt man seine Reiserouten, zeigt sich aber, dass er nie weit davon entfernt war, vor allem auf seiner zweiten Expedition 1772 bis 1775.

Linke Seite

Obelisk zum Gedenken an James Cook, errichtet Ende des 19. Jahrhunderts in der Kealakekua Bay (Hawaii). Diese schwer zugängliche Stelle ist heute ein bekannter Schnorchel-Spot.

Es fällt schwer, das tödliche Handgemenge am 14. Februar 1779 in der Kealakekua Bay unbefangen zu schildern. Doch von Anfang an: Der berühmte britische Entdecker hatte seit seiner ersten Expedition 1768 und seiner erfolglosen Suche nach der mythischen *Terra australis* nur wenige Monate festen Boden unter den Füßen. 1772 bis 1775 segelte Cook entlang der Antarktis, doch er sah sie nie, woraus er schloss, dass sie gar nicht existierte. Cooks dritte Expedition führte ihn nach Tahiti. Von dort nahm er mit zwei Schiffen drei Monate lang einen nördlichen Kurs in den Nordpazifik, um die Beringstraße zu durchfahren, was ihm nicht gelang. Erschöpft machte Cook am 17. Januar 1779 Halt auf den damals unbekannten, heute zu Hawaii gehörigen Inseln, an denen er zuvor vorübergesegelt war. Tausende Insulaner begrüßten ihn überschwänglich am Ufer. Sie hielten ihn vermutlich, europäischen und lokalen Quellen zufolge, für ihren Fruchtbarkeitsgott Lono, denn Cooks Eintreffen fiel just mit den alljährlichen Festlichkeiten für die Gottheit zusammen. Zwei Wochen lang wurden Cook und seine Männer gefeiert, bevor sie an Bord der *Resolution* und *Discovery* wieder in See stachen. Sie gerieten in einen Sturm, eines der Schiffe wurde beschädigt und sie mussten nach Hawaii zurückkehren. Diesmal fiel der Empfang anders aus. Die Insulaner begegneten ihnen misstrauisch und feindselig, es kam zu kleineren Diebstählen und am Morgen des 14. Februars wurde eine Schaluppe gestohlen. Um die Rückgabe seines Beiboots zu erzwingen, nahm Cook den hawaiianischen Stammeshäuptling als Geisel. Da eskalierte die Situation am Strand. In die Enge getrieben, feuerte Cook einen Schuss ab, er wurde erdolcht und seine Leiche in Stücke zerteilt. Warum musste er sterben? Darüber streiten die Anthropologen bis in die Gegenwart. Die einen sind überzeugt, dass man Cook tatsächlich für den Gott Lono gehalten hatte, zumal hawaiianische Riten dessen Tötung beinhalten. Für die anderen ist die Annahme, Einheimische könnten einen weißen Seefahrer für einen Gott gehalten haben, Ausdruck des ethnozentristisch-europäischen Mythos und eine Beleidigung gegenüber der indigenen Bevölkerung. Diese fundamentale wissenschaftliche Kontroverse ist mindestens ebenso spannend wie die interkulturellen Geschehnisse bei den Begegnungen Cooks mit den Hawaiianern.

Oben
Die Hawaiianer bringen Captain Cook Geschenke. Zeichnung von 1780 aus der Feder des Landschaftsmalers John Webber, der an der dritten Expedition teilnahm.

Rechts
Der Tod des Captain Cook. *Stich von 1794. Der Kapitän konnte, nebenbei bemerkt, nicht schwimmen und sich daher angeblich nicht auf die Boote seiner Mannschaft retten!*

Rechte Seite
Die HMS Resolution, *eines der beiden Schiffe der dritten Expedition. Weil ihr Mast brach, war Cook zur Rückkehr nach Hawaii gezwungen.*

The *Resolution*

Water-colour drawing by Henry Roberts,
in the Mitchell Library, Sydney, D11, no. 14

IMMER WEITER **RICHTUNG WILDER WESTEN**

Die Kolonisierung des Wilden Westens war die zivilisatorische Mission der Amerikaner, „Manifest Destiny“ lautete ihre Parole. Doch zu welchem Preis?

USA

45 Jahre währte der Goldrausch.

Unten
Der ursprüngliche Titel des berühmten Gemäldes American Progress *von John Gast lautete* Manifest Destiny.

Rechte Seite
Das Bild zeigt Sitting Bull mit Buffalo Bill, dem früheren Kundschafter der US-Armee, der 1885 den Stammeshäuptling für seine sogenannte Wild West Show *engagierte.*

Ein berühmtes Gemälde verkörpert den „Manifest Destiny“-Gedanken exemplarisch. In seinem 1872 entstandenen Werk *American Progress* (dt. *Amerikanischer Fortschritt*) setzte John Gast die Gestalt der Columbia allegorisch ins Zentrum. Mit Schulbuch und Telegrafendraht in den Händen symbolisiert sie den Fortschritt und führt die Siedler immer weiter gen Westen. Die Eisenbahn folgt Columbia entlang der Telegrafenleitung, während Bisons, Bären und „Indianer“ nach allen Seiten fliehen. Zivilisation und Wildnis treffen aufeinander. Alle mythischen Expansionsvorstellungen sowie das Verschmelzen amerikanischer Werte und Geopolitik sind in diesem Werk verdichtet. Der Maler schuf eine Synthese des messianischen *Frontier*-Mythos, demzufolge die amerikanischen Pioniere ihren Grenzraum immer weiter verschoben. „Manifest Destiny“, die „offenkundige Bestimmung“, ging als direkte Konsequenz aus der puritanischen Ideologie der *Mayflower*-Passagiere von 1610 hervor. Der New Yorker Publizist, der diesen Begriff 1845 prägte, brachte damit die göttliche Auserwähltheit der Amerikaner zur zivilisatorischen Besiedlung des Westens zum Ausdruck. Politiker griffen den Slogan bereitwillig auf, um zur territorialen Expansion aufzurufen. Doch nicht nur die vermeintlich göttliche Berufung, sondern auch starker demografischer Druck, mehrere Wirtschaftskrisen im Osten und die Entdeckung von Erdöl und Gold im Westen schürten die Westexpansion. Goldfunde in Kalifornien trieben 1848 über 300 000 nach Reichtum gierende Pioniere zum Aufbruch. Darüber hinaus wurde die „Manifest Destiny“-Idee zur Rechtfertigung von Übergriffen und Raubzügen missbraucht. Den Preis zahlten die indigenen Völker: Umsiedlung in Reservate, Reduzierung ihrer Büffelherden, Zeremonieverbote … 1890 erklärte die US-amerikanische Zensusbehörde die *Frontier*-Verschiebung für abgeschlossen. Zum Ende desselben Jahres, fünfzehn Tage nach der Ermordung von Sitting Bull, wurden in Wounded Knee dreihundert Lakota vom Stamm der Sioux vom 7. US-Kavallerie-Regiment niedergeschossen, darunter Frauen und Kinder, die dort Zuflucht gesucht hatten. Dieses letzte Massaker markierte das Ende der 400 Jahre dauernden Indianerkriege. Unauslöschlich haben sich diese beiden kurz aufeinander folgenden Tragödien in die amerikanische Geschichtsschreibung eingebrannt. John Gasts lieblich-naive Darstellung ist davon meilenweit entfernt.

D. F. BARRY,
WEST SUPERIOR,
WIS.

SITTING BULL AND BUFFALO BILL.

Copyrighted 1897.

3632
Photo and copyright by Grabill, '91.
Deadwood, S. D.

2347. Tallyho Coaching. Sioux City party
Coaching at the Great Hot Springs of
Dakota.
Photo and copyright by Grabill, 1889.

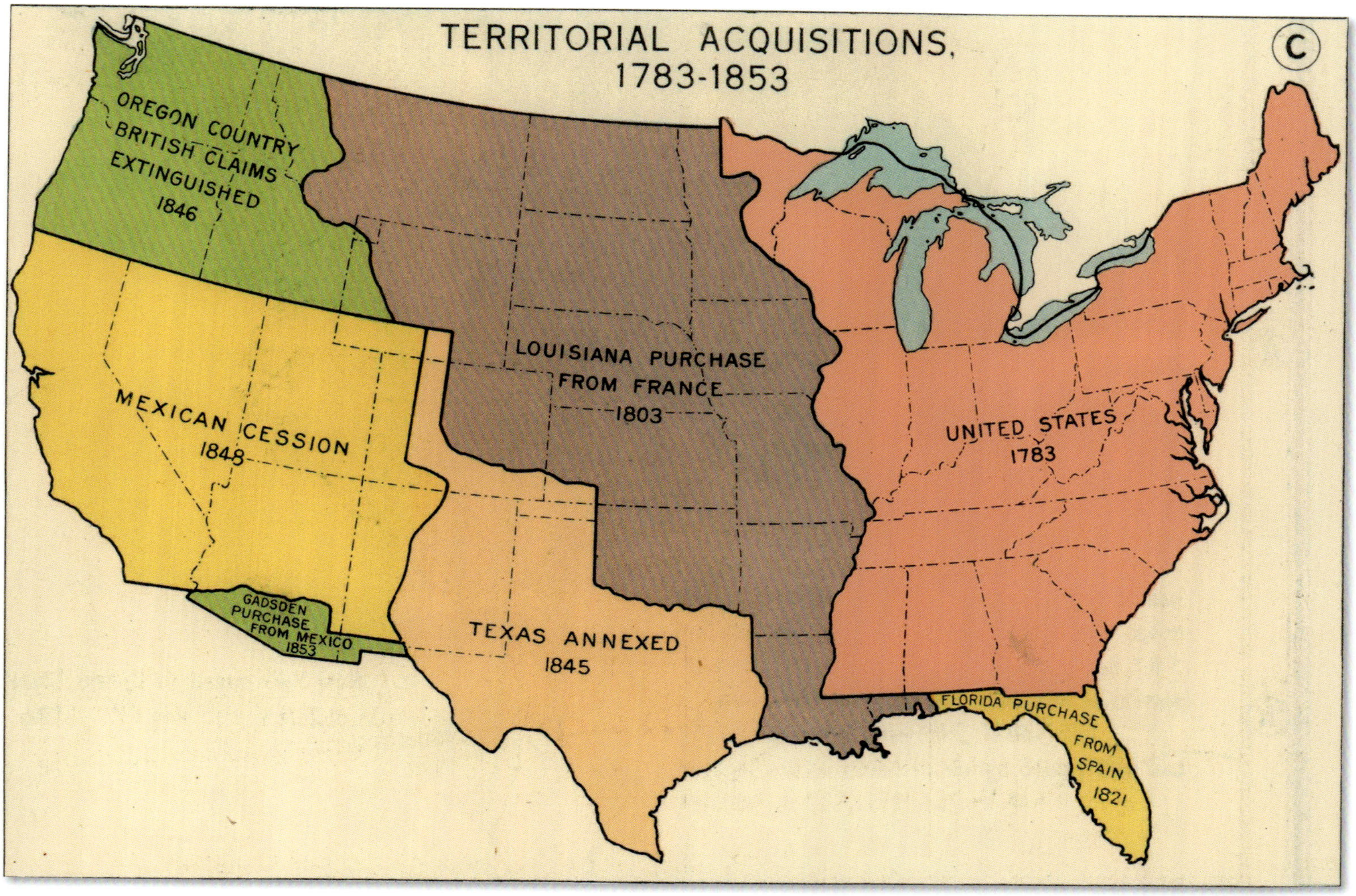

Oben

Karte von 1932, auf der die territorialen Aneignungen der Vereinigten Staaten eingezeichnet sind.

Links

Von Ochsen gezogener Wagentreck. South Dakota, um 1890.

Linke Seite oben

Indigene Minneconjou vom Stamm der Lakota, fotografiert in einem Reservat ein Jahr nach dem Massaker von Wounded Knee.

Linke Seite unten

Postkutsche mit Siedlern in Sonntagstracht bei Hot Springs in South Dakota.

DIE ERKUNDUNG DER WELT
AUF WEIBLICHE ART

Die Entdeckung des Anderswo ist nicht reine Männersache. Auch wenn man ihnen historisch wenig Platz einräumte, reisten viele Frauen um die Welt. Schlimmer noch: Sie berichteten über ihre Abenteuer.

Weltweit

Verkleidung obligatorisch

Im Europa des 19. Jahrhunderts verurteilte man alleinreisende Frauen und betrachtete diese als unschicklich. Sie waren Gattinnen, Begleiterinnen, im besten Falle Assistentinnen. Auf das häusliche Umfeld beschränkt, rechtlich unmündig und finanziell abhängig, wurde eine Penelope, die sich für Odysseus hielt, umgehend der Unsittlichkeit bezichtigt. Es war eine Bürde für Frauen, die sich auch im Sprachgebrauch niederschlug: Männliche Abenteurer bezeichnete man als mutig, Abenteurerinnen indessen als leichtlebig und anrüchig. Um sich von diesen Fesseln zu befreien, mussten die Pionierinnen ihre Weiblichkeit verstecken. Ende des 18. Jahrhunderts nahm die Botanikerin Jeanne Barret an der Weltexpedition des französischen Entdeckers Bougainville teil – als Mann verkleidet. Im 19. Jahrhundert erhielt die Archäologin Jane Dieulafoy von dem Pariser Präfekten die sogenannte „permission de travestissement", eine Sondererlaubnis, dass sie als Frau bequeme Hosen tragen durfte. Anfang des 20. Jahrhunderts bereiste die Journalistin Isabelle Eberhardt, verkleidet als arabischer Reiter, unerkannt Algerien. Für die Männerwelt noch skandalöser war vor allem die weibliche, ja feministische Art der Entdeckerinnen zu schreiben und der weitaus weniger „sexualisierte" Blick, mit dem sie die Welt verstanden. Natürlich waren ihre Reisetexte nicht immer frei von Stereotypen, doch weit entfernt von den Schilderungen der „Beutezüge" ihrer männlichen Artgenossen, die rivalisierend überall die Ersten sein wollen. Erst seit ein paar Jahren schenken Verlage den weiblichen Reisetagebüchern größere Beachtung und viele Texte warten noch darauf, „ausgegraben" zu werden. Schon 1866 hatte der Geograf Richard Cortambert geäußert, dass es längst überfällig sei, reisende Frauen als Historikerinnen anzuerkennen. Im Vorwort zu seinem Werk *Illustres voyageuses* verwehrte sich Cortambert dagegen, dass Frauen von Natur aus nicht fürs Reisen geschaffen seien, wobei er gleich im nächsten Satz ergänzte: „Wenn natürlich jetzt alle Frauen um die Welt reisen würden, dürften wir uns zu Recht beklagen." Heute könnten wir zu Recht stolz sein, wenn alle Frauen der Welt sich so kleiden und soviel reisen dürften, wie sie wollen.

Linke Seite
von links nach rechts und von oben nach unten
1 Alexandra David-Neel besuchte als erste westliche Frau Lhasa, die Hauptstadt Tibets. Fotografie von 1933.
2 Gertrude Bell, 1909 in Irak fotografiert. Die Archäologin und Forscherin war auch als Politikerin, Diplomatin und Spionin unterwegs.
3 Die Schweizerin Isabelle Eberhardt in der Tracht der Berber, um 1900.
4 Darstellung von Jeanne Barret, die als erste Frau die Welt erfolgreich umrundete.

Irgendwo im Universum

„*Meta*" bedeutet im Griechischen „jenseits".

METAVERSUM, DAS VIRTUELLE ANDERSWO

Die digitalen Megakonzerne stürzen sich auf das Metaversum. Ein virtueller Goldrausch, doch zu welchem Preis?

Der Kunstbegriff ist in aller Munde. *Meta* ist griechisch und bedeutet „jenseits", *versum* steht verkürzt für „Universum". Gemeint ist die digitale, rein virtuelle Welt jenseits der physischen Welt. Die Metaversum-Fantasien, unmittelbar der Science-Fiction-Literatur entsprungen, klopfen an die Türen unserer Realität. Schon seit 2003 ermöglicht das Videospiel *Second Life,* sich in einem Doppelgänger in einer Nachbildung der realen Welt zu bewegen. Das Metaversum jedoch ist eine Revolution der anderen Art, wesentlich ausgefeilter und „immersiver". Derzeit existieren zwei sich teilweise überschneidende Metaversum-Versionen: die hyperrealistische digitale Umgebung mit sämtlichen virtuellen Möglichkeiten des realen Lebens sowie die Universen der fiktiven Videospiele mit Avataren, die über Superkräfte verfügen. In der ersten Version wird die Wirklichkeit digital dupliziert, man kann Museen besichtigen, ein Arbeitsmeeting organisieren, Einkäufe erledigen oder an einer Unterrichtsstunde teilnehmen. Die zweite Version ähnelt OASIS, der virtuellen Welt in Steven Spielbergs Film *Ready Player One.* Das Metaversum will neue Grenzen der Zukunft ziehen und die Karten des Anderen und des Anderswo neu mischen. Meta Platforms nannte der Facebook-Gründer Mark Zuckerberg sein Unternehmen und spricht vom „heiligen Gral sozialer Interaktionen". Das chinesische Pendant zu Google, Baidu, träumt vom „Land der Hoffnung". So lautet jedenfalls die wörtliche Übersetzung von „Xi Rang", der von Baidu 2021 auf den Markt gebrachten Metaversum-App, deren Technologie eine hundertprozentig sensitive und immersive virtuelle Welt verspricht. Es geht um eine fortwährende Immersion („Eintauchen"), denn die Alternativwelt dreht sich wie die reale Welt weiter, egal ob man gerade vernetzt ist oder nicht. Für seine Anhänger ist das Metaversum die unaufhaltsame, technisch fortschreitende Entwicklung des Internets, die Erfüllung interaktiver Verheißungen, die Materialisierung von Teleportationsfantasien. Kritiker halten es hingegen für eine weitere virtuelle, süchtig machende Blase, in der die Grenzen der Realität zu verschwimmen drohen – eine fiktive, von den Megakonzernen komplett kontrollierte Parallelwelt. Die Schwelle von der Utopie zur Dystopie ist oft schnell überschritten, nicht nur in der Science-Fiction-Welt.

Links
Liebe ist … (gemeinsam) in dieselbe Richtung zu blicken?

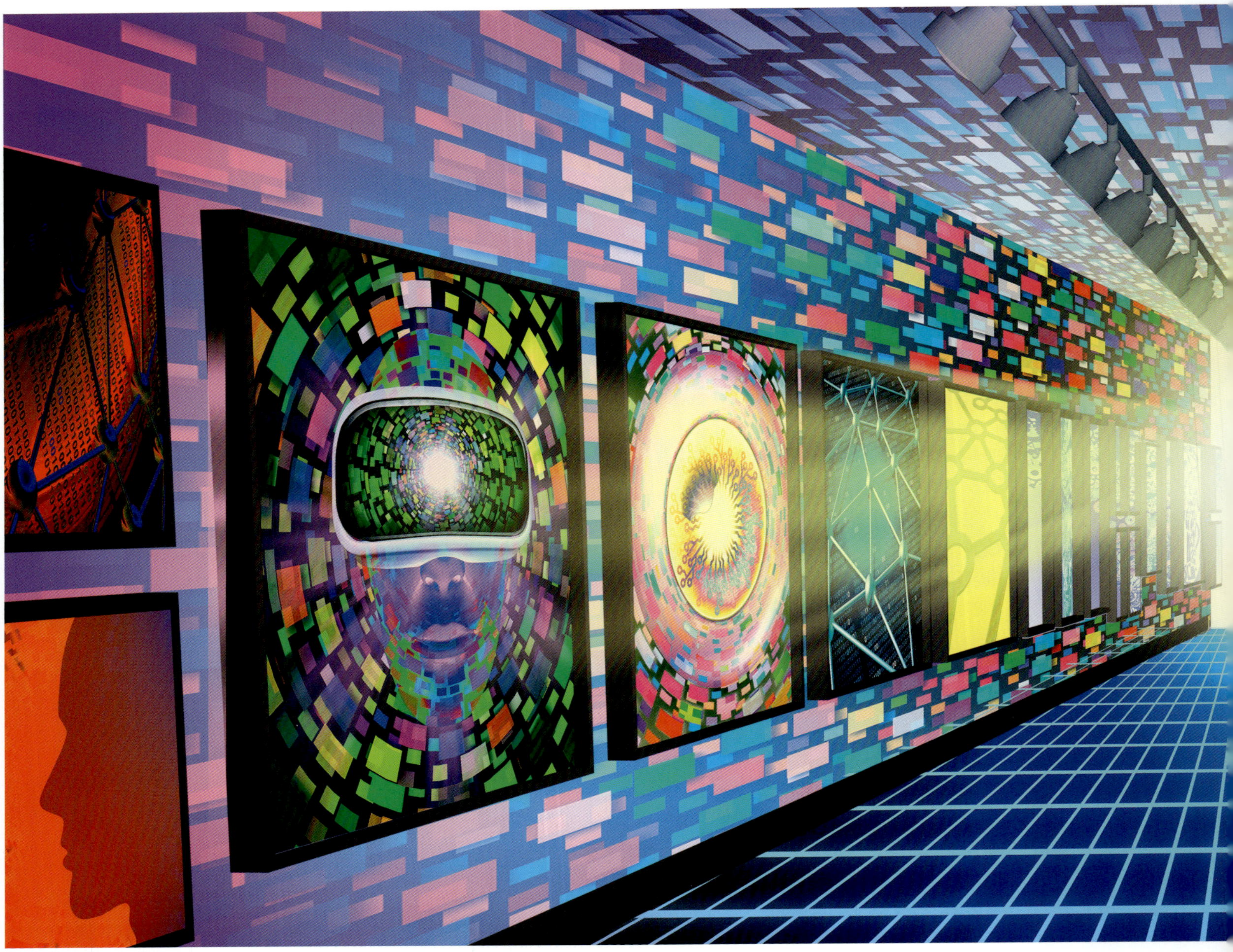

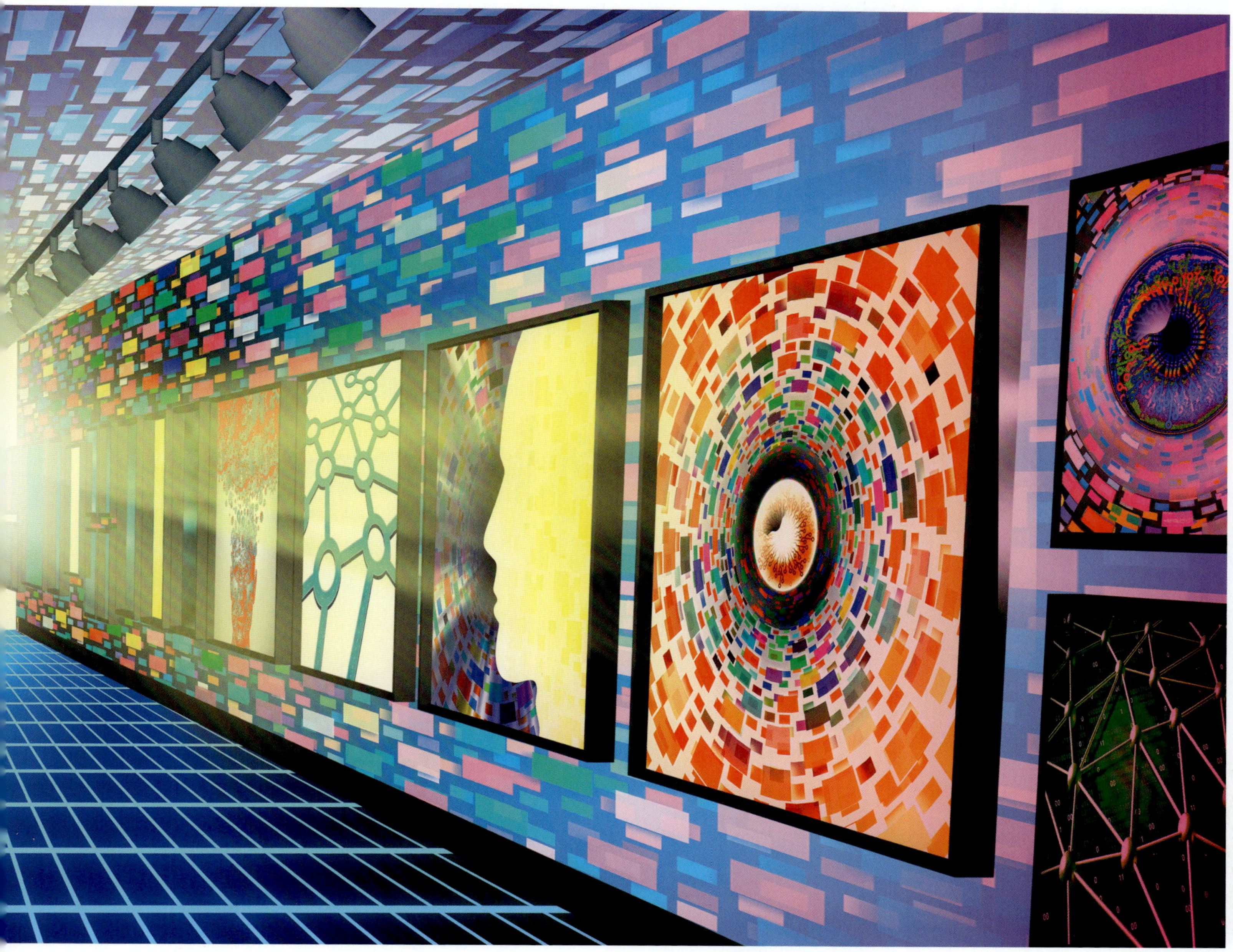

Oben
Virtueller Besuch in einem Crypto-Museum.

Links
Völlig ungefährliche Begegnung mit einem Bären im Videospiel Second Life.

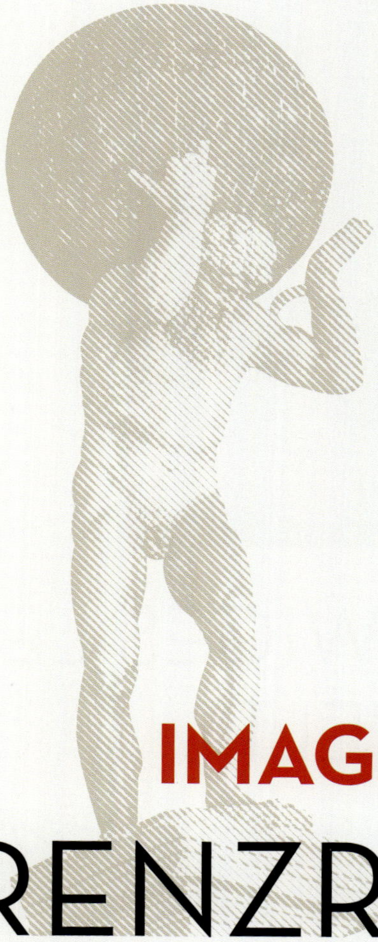

IMAGINÄRE GRENZRÄUME

Kein Ende der Welt ohne das Unbekannte. Kein Unbekanntes ohne Fabeln oder Mythen. Schon die allerersten Historiker bewegten sich zwischen Wissenschaft und Fiktion, ethnologischer Nachforschung und Hirngespinst. Die Erkundung der Erde und ihre kartografische Darstellung sind seit Menschengedenken mit Fantasien verwoben, in denen die geografischen und imaginären Grenzen verschwimmen. Sonderbare Geschöpfe und Ungeheuer hausen in fernen Ländern, das Reisen bekommt eine utopische oder mystische Dimension und manche Legenden oder Fake News halten sich bis heute.

GILGAMESCH: EWIGES LEBEN AM ENDE DER WELT?

Gilgamesch ist die Geschichte eines tyrannischen Königs, der im Streben nach Unsterblichkeit bis ans Ende der Welt gelangte.

Weltweit

Auf Tontafeln geschriebene Erzählung

Oben
Gilgamesch erlegt zwei Löwen. Behauenes Steingefäß. Irakisches Nationalmuseum, Bagdad.

Rechte Seite
„Gilgamesch, wohin läufst du? Das Leben, das du suchst, wirst du gewiss nicht finden. Als die Götter die Menschheit erschufen, da bestimmten sie der Menschheit den Tod und behielten das Leben in ihrer eigenen Hand!"

Wagen wir einen Anachronismus und nennen das *Gilgamesch-Epos* den ersten Bestseller der Menschheit. Ein Epos zwischen Fiktion und Wirklichkeit. Episch ist nicht nur die legendäre Suche nach Unsterblichkeit am Rande der Welt, sondern auch die noch immer nicht abgeschlossene archäologische Recherche. Die Geschichte handelt von dem Tyrannen Gilgamesch aus der mesopotamischen Stadt Uruk, der um 2650 v. Chr. regiert haben soll. Auf seiner Abenteuerreise um die Welt wird er von seinem Freund Enkidu begleitet, einem Mischwesen, halb Mensch, halb Tier, den die Götter erschufen, damit er den aufbrausenden Herrscher besänftigte. Ihre Taten ziehen die Gunst und später den Zorn von Ishtar, der Göttin der Liebe und des Krieges, auf sich, die Enkidu mit einer tödlichen Krankheit verflucht. Hier beginnt das eigentliche Epos des untröstlichen Gilgamesch, den erstmals die Angst vor dem Tod packt. Er macht sich auf den Weg ans Ende der Welt, um Utnapischtim aufzusuchen, den Überlebenden der Sintflut, dem die Götter das Geheimnis der Unsterblichkeit anvertraut hatten. Wie es ausgeht, sei nicht verraten. Es ist eine metaphysische Erzählung über die Sterblichkeit des Menschen, die den Initiationsweg des Tyrannen zur Weisheit nachzeichnet, ein von Männerfreundschaft durchwobener Abenteuerroman. Das an Symbolik reiche Epos nimmt Hunderte Jahre vor Homer die *Ilias* und *Odyssee* vorweg und erzählt die Sintflutgeschichte lange vor der Bibel, doch mit erstaunlicher Übereinstimmung. 2000 Jahre vor unserer Zeit wurde der Text in Tontafeln geritzt und war in diversen Versionen und Übersetzungen, vor allem im alten Vorderen Orient, viele Jahrhunderte lang erfolgreich, bevor er in der babylonischen Kultur in Vergessenheit geriet. Mitte des 19. Jahrhunderts tauchte er auf zwölf Tontafeln im heutigen Mossul, im Norden des Iraks, wieder auf. Spätere Ausgrabungen förderten Fragmente älteren Datums zutage und es war zu erkennen, dass die zuerst gefundene Fassung tatsächlich die jüngste war. Sie gilt als babylonische Standardversion des bis heute nur unvollständig rekonstruierten Textes, der die literarische Figur des Urhelden am Rande der Welt einführte.

DIE KREATUREN DES **KTESIAS**

Kein Ende der Welt ohne Fabelwesen. Ein Kenner auf dem Gebiet war unbestritten der antike Historiker Ktesias, der Vater höchst emblematischer Geschöpfe, die bis heute unsere Fantasiewelten bevölkern.

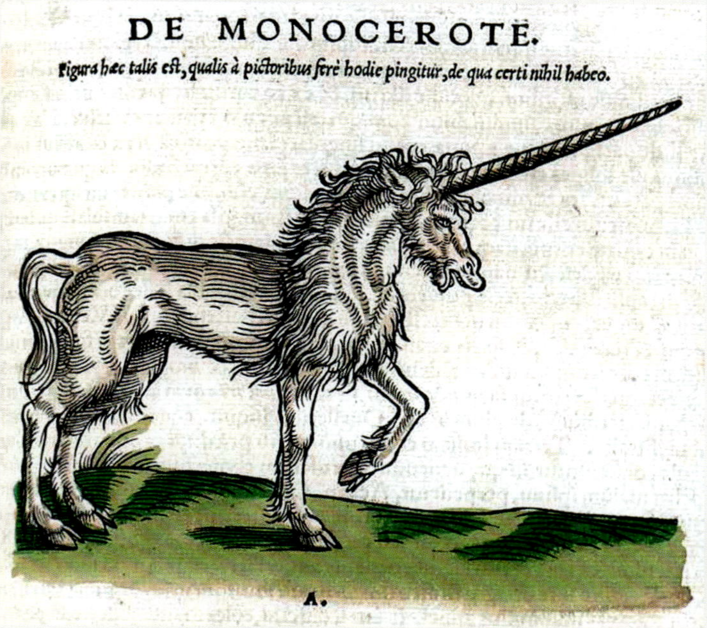

Imaginäre Welten

Geburt des Einhorns: 5. Jahrhundert v. Chr.

Das Einhorn ist jedem und jeder ein Begriff. Ktesias von Knidos verfasste im 5. Jahrhundert v. Chr. das Werk *Indiká* („Indische Geschichte"), in dem dieses weltberühmte Geschöpf erstmals im westlichen Kulturraum in Erscheinung trat. Beschrieben wird es als weißer Wildesel mit purpurrotem Kopf, blauen Augen und einem dreifarbigen Horn, das über antitoxische Heilkräfte verfügen soll. Das Einhorn gehört zu einer Reihe von menschlich-tierischen Mischwesen und ist eine der am häufigsten reproduzierten Gestalten, von mittelalterlicher Kunst bis zu den heutigen Fantasy-Romanen. In seinem Werk beschrieb der Grieche Ktesias aus Kleinasien das Indus-Tal, das seinerzeit von dem persischen Kaiser beherrscht wurde, dessen Leibarzt er war. Im Unterschied zu dem ihm wohlbekannten Persien, über das Ktesias ebenfalls eine Erzählung verfasste, hatte er Indien nie betreten. *Indiká* ist demnach eher eine Sammlung fantastischer Erzählungen als eine ethnologische Beschreibung. In diesen sensationsreichen Schilderungen erfährt man von einem mit natürlichen Ressourcen gesegneten Land, dessen Bevölkerung zwar besonders klug ist, aber infolge von Mangel, Übermaß oder Hybridisierung körperliche Anomalien aufweist. Ktesias führt sämtliche ausgefallenen Geschöpfe auf: Zunächst sind da Männer mit Hundsköpfen oder mit nur einem Auge, die in jener Zeit bereits Klassiker waren. Wirklich neu sind die Menschen ohne Anus, mit riesigen, über Arme und Rücken hängenden Ohren oder merkwürdig behaarte Pygmäen mit etwas unproportionierten Geschlechtsteilen. Der Mantikor sticht besonders hervor. Diese Mischkreatur mit dem Körper eines Löwen, dem Kopf eines Menschen und einem Skorpionschwanz soll Menschen fressen und wurde später in den Bestiarien, den mittelalterlichen Tierdichtungen, als Verkörperung des Bösen übernommen. Mit seinen von der indischen Mythologie und von Erzählungen aus zweiter Hand inspirierten Fabelwesen stieß Ktesias eine Darstellung ferner Länder an, die fortan die westliche Fantasie prägen sollte. Skiapoden zieren römische Giebel und im Mittelalter wollte man sogar sagenhafte Völker wie die Panoti (Menschengestalten mit Riesenohren) ebenso evangelisieren wie die real existierenden Ungläubigen.

Oben
Monoceros, wörtlich Einhorn. Holzschnitt aus der Historia Animalium des Schweizer Naturforschers Conrad Gessner, 1551.

Linke Seite
Ein Panoti mit um seine Arme gewickelten Riesenohren.

Nächste Doppelseite
Ein Acephale (Kopfloser), ein Skiapode und ein Zyklop. Aus: Buch der Wunder, Marco Polo, 1299 (Bibliothèque nationale de France, Paris).

Straße von Gibraltar

Das Tor zur unbekannten Welt

DIE SÄULEN DES HERAKLES, GRENZE DER BEKANNTEN WELT

Lange Zeit markierten die Säulen des Herakles beidseits der Straße von Gibraltar, im äußersten Westen des Mare Nostrum, für Griechen und Römer den Rand der ihnen bekannten Welt.

Ob Herakles (römisch Herkules) das einst fern gelegene Afrika mit Europa zusammenfügte und nur eine schmale Stelle offen ließ, um das Mittelmeer vor den Walen des Atlantiks zu schützen? Oder ob er für immer die beiden Kontinente durchbrach, um das Innere Meer zum Weltmeer und zur unbekannten Welt zu öffnen? „Es steht jedem frei, sich für die eine oder andere Meinung zu entscheiden", schrieb der griechische Geschichtsschreiber Diodor von Sizilien im 1. Jahrhundert v. Chr. und vermied so eine Festlegung, als er über den Herakles-Mythos im Zusammenhang mit der Straße von Gibraltar berichtete. Der Ursprung dieses geografischen und mythologischen Ortes liegt in der zehnten der zwölf Aufgaben des Herakles, die ihm Eurystheus, der König der Argoliden und sein Erzfeind, aufgetragen hatte. Der Halbgott sollte die sagenhaften Rinderherden von Geryon, einem Riesen mit drei Oberkörpern, rauben. Sie weideten am westlichen Rand der bekannten Welt auf der fernen Insel Erytheia, die nach einer gleichnamigen Nymphe, einer der Hesperiden, benannt war. Auf dem Hinweg segelte Herakles entlang der Westküste Libyens, wie Afrika damals hieß. Er überwältigte den dreileibigen Riesen, nahm die Rinder an sich und kehrte durch die Meerenge nach Europa zurück. Zur Erinnerung an seine Heldentat errichtete Herakles zwei Säulen. Sie symbolisieren die beiden Berge, welche die Kontinente trennen: Calpe, der Felsen von Gibraltar, am europäischen Ufer und Abila Mons bzw. der heutige Jebel Musa auf der afrikanischen Seite. Noch immer thronen die Säulen des Herakles auf dem Wappen des spanischen Königreichs und sind durch ein Spruchband mit der lateinischen Devise *Plus ultra* („immer weiter") verbunden – ein Verweis auf die Bedeutung der Säulen als Tor zur dahinterliegenden Welt.

Links

Blick auf die Straße von Gibraltar und den Jebel Musa. Vierzehn Kilometer trennen Marokko von Spanien bzw. Afrika von Europa.

Oben
Herakles überwältigt den Flussgott Acheloos, der sich in einen Stier verwandelt hat, und erhält die Hand seiner letzten sterblichen Ehefrau Deianeira.

Rechts
Das Wappen Spaniens mit den Säulen des Herakles und der Devise Plus ultra *(„Immer weiter").*

Rechte Seite
Zeitgenössische Skulptur der Herakles-Säulen (vier Tonnen schwer und sieben Meter hoch) in der spanischen Enklave Ceuta, Marokko. Werk des Künstlers Ginés Serrán Pagán, 2007.

AM NÖRDLICHSTEN RAND: DIE MYTHISCHE INSEL THULE

Ihr Name wurde zum Synonym für den äußersten Rand der Welt. Ob die nordische Insel Thule, die Pytheas entdeckt haben will und benannte, tatsächlich je existierte?

Nordeuropa

Erste Beobachtungen von Packeis

Rechte Seite
Denkmal an der Fassade des Palais de la Bourse in Marseille für den aus dem einstigen Massilia stammenden Pytheas. Winston Churchill nannte ihn den „Christoph Kolumbus der nordischen Gebiete".

Nächste Doppelseite
Weltkarte nach Eratosthenes, der als einer der wenigen Gelehrten dem Bericht des „lügenhaftesten Menschen" (Strabon) Glauben schenkte. Reproduktion aus dem 19. Jahrhundert. Links oben ist die Insel Thule namentlich erwähnt.

Gegen Ende des 4. Jahrhunderts v. Chr., in der Zeit Alexanders des Großen, brach Pytheas auf, um die unbekannten Regionen im äußersten Norden Europas zu erkunden. Seine abenteuerlichen Schilderungen waren derart unglaublich, dass die antiken Gelehrten über Pytheas in Streit gerieten. Der Geograf Strabon und der Historiker Polybios hielten ihn für einen Angeber und Fälscher. Eratosthenes jedoch zog die Beobachtungen des griechischen Entdeckers und Astronomen aus Massilia, dem antiken Marseille, für seine Berechnung des Erdumfangs heran. Von dem Reisebericht, den Pytheas nach seiner Rückkehr verfasste, blieben nur etwa vierzig Textfragmente erhalten. Er beschrieb darin die nördlichste von ihm angesteuerte Insel, „sechs Tagesreisen nördlich von Prettanike", dem heutigen Großbritannien. Ein Stück Land, in dem die Sonne im Sommer fast nie unterging und hinter dem sich eine „quallenartige" Substanz befand, eine „Meerlunge", die weder Land war noch Meer und die jeden Zugang unmöglich machte. Als erster Grieche hatte Pytheas das Packeis entdeckt! Er war auch der Erste, der das Phänomen der Gezeiten beschrieb, welches er korrekterweise mit den Mondphasen in Zusammenhang brachte, und der als Erster etwas über die „Barbaren" festhielt, denen er unterwegs begegnete: Kelten, Britonen, Kaledonier und Goten. Pytheas' Beobachtungen störten mit Sicherheit die mediterranen Dogmen seiner Zeitgenossen, weshalb man sie lieber unter Verschluss hielt. So wurde Thule über die Jahrhunderte und im Laufe weiterer Entdeckungen zum Inbegriff der sich stetig verändernden Nordgrenze der bekannten Welt. Nach westlicher Vorstellung ist die mythologisch verklärte Insel ein Land am äußersten Rand, die Heimat der Götter, das fruchtbare Paradies oder eine versunkene Zivilisation ähnlich wie Atlantis. „Jenseits des Raums, jenseits der Zeit" schrieb Edgar Allan Poe später über Thule in einem Gedicht. Auch wenn die Hinweise eine eindeutige Identifizierung scheinbar unmöglich machen, versuchen einige bis heute, die Insel des offenkundig ersten wissenschaftlichen Polarforschers zu lokalisieren.

PYTHEAS

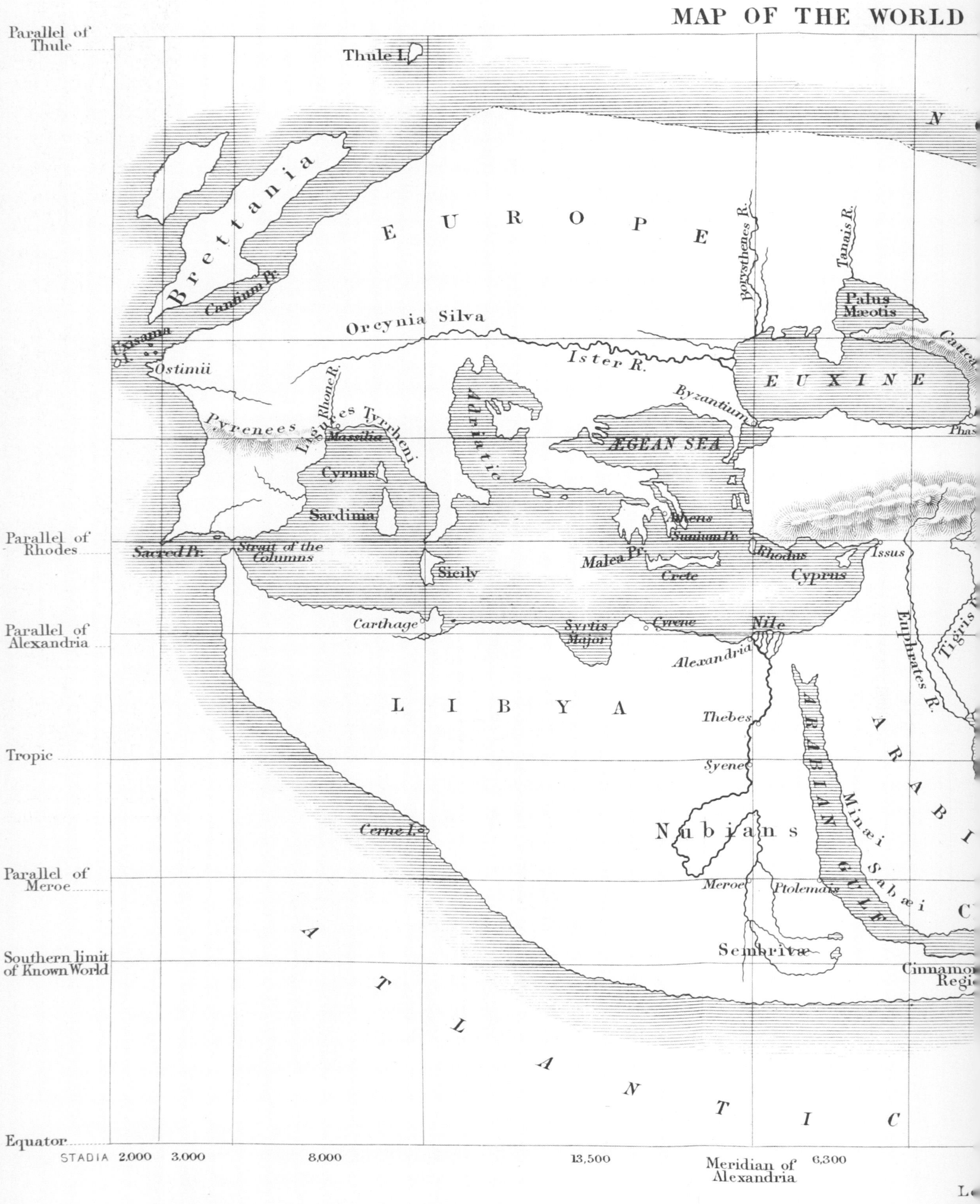
MAP OF THE WORLD
Parallel of Thule
Thule I.
Brettania
Cantium Pr.
Uxisama I.
Ostimii
E U R O P E
Orcynia Silva
Borysthenes R.
Tanais R.
Palus Mæotis
Ister R.
E U X I N E
Byzantium
Pyrenees
Rhone R.
Ligures
Tyrrheni
Massilia
Adriatic
ÆGEAN SEA
Cyrnus
Sardinia
Athens
Sunium Pr.
Parallel of Rhodes
Sacred Pr.
Strait of the Columns
Sicily
Malea Pr.
Crete
Rhodus
Cyprus
Issus
Carthage
Syrtis Major
Cyrene
Nile
Parallel of Alexandria
Alexandria
Euphrates R.
Tigris
L I B Y A
Thebes
Syene
Tropic
ARABIAN GULF
A R A B I
Minæi
Sabæi
Nubians
Cerne I.
Parallel of Meroe
Meroe
Ptolemais
Sembritæ
Southern limit of Known World
A T L A N T I C
Equator
STADIA 2,000 3,000 8,000 13,500 6,300
Meridian of Alexandria

RDING TO ERATOSTHENES
X
THERN OCEAN
CASPIAN SEA
Iaxartes R.
SOGDIANA
Oxus R.
SCYTHIA
Ochus R.
BACTRIA
AURUS MONS
Tamarum Pr.
Pylæ Caspiæ
SIA
Palibothra
Ganges R.
Arachosia
Persis
Carmania
ARIANA
INDIA
SIAN
LF
Gedrosia
Ichthyophagi
Coniaci
ERYTHRÆAN SEA
Taprobane
OCEAN
14,000
16,000
Stanford's Geograph. Estab.
3,000
2,000
hn Murray.

DER LIMBUS, UNWEIT DER HÖLLE

Für die Seelen ungetauft verstorbener Kinder gab es zwischen Hölle und Paradies lange Zeit einen Ort: Limbus puerorum. Erst vor wenigen Jahren strich ihn die Kirche von ihrer Karte des Jenseits.

Der Limbus (lat. für „Rand" oder „Saum") lag an der Grenze zur Hölle. Erst im 13. Jahrhundert schufen mittelalterliche Theologen den Begriff, als sie nach der Antwort auf eine Frage suchten, welche die Kirche seit Beginn des Christentums umtrieb: Wohin gingen die Seelen, die nicht die Hölle verdienten, aber mangels Taufe und wegen der Erbsünde vom Paradies ausgeschlossen waren? Zuvor waren die Kirchenväter eher vage geblieben oder kategorisch dem heiligen Augustinus gefolgt, der einen Ort zwischen Paradies und Hölle ablehnte: Die Seelen der toten ungetauften Kinder gelangten sicher in die Hölle, auch wenn ihnen dort nur eine minimale Strafe widerfuhr. Später milderten die Theologen Augustinus' Position ab und schufen zwei Limben: Es gab den „Limbus patrum" für alle Rechtschaffenen, die vor Christi Auferstehung gestorben waren, wie Adam und Eva, Noah, Moses oder die Propheten. Und es gab den „Limbus

Nächste Doppelseite
Jesus besucht den Limbus patrum. Die Dämonen beobachten die Szene. Ausschnitt aus einem Fresko von Andrea di Bonaiuto (14. Jh.), Kirche Santa Maria Novella, Florenz.

Zwischen Hölle und Paradies

Es gibt zwei Limben: den Limbus für Kinder und den für die Urväter.

puerorum“ für Kinder, die dort bis in alle Ewigkeit weilten. Zwar erwartete sie natürlich keine Glückseligkeit, aber sie blieben von geistigem Leiden verschont oder erfuhren laut Thomas von Aquin gar eine gewisse natürliche Freude. Erlösung jedoch gab es auch für tot geborene Säuglinge keine. Eben darauf zielte die Erklärung, die am 20. April 2007 der internationale theologische Ausschuss des Vatikans verkündete. Es klang wie eine Revolution. Die Idee einer Vorhölle sei nur eine „theologische Hypothese“ und ernsthafte Grundlagen würden zur Hoffnung berechtigen, dass es für ungetauft gestorbene Kinder einen Heilsweg gebe. Mit einem Federstrich war das Aus für die Limben besiegelt – das Trauma vieler Generationen trauernder Gläubiger und das kirchliche Druckmittel für eine möglichst frühe Taufe hat nun ein Ende. Doch der Vatikan ist zurückhaltend und betont, diese Ansicht beruhe eher auf „frommer Hoffnung“ als auf „erwiesener Gewissheit“. Ob die von Dante in seiner Göttlichen Komödie beschriebene Vorhölle doch noch eine Zukunft hat?

Siria.
Arabia petrea.
Terreste mare.
Persia
Arabia sterilis
Arabia felix
Mare Indicum.
Aethiopia sub egitu.
Abeschi.r.
Media thiopia.
Adel.r.
Azama.r.
EQUINOCTIALIS
AFRICA
Quiloa
TROPICUS CAPRICORNI.
Bona spes.
Mare bone spei.
MERIDIES

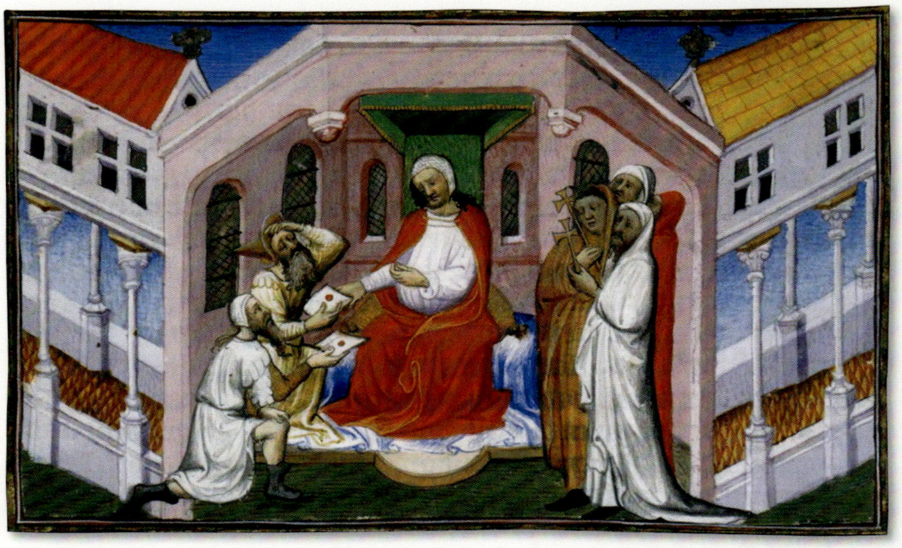

DAS SAGENHAFTE KÖNIGREICH DES **PRIESTERS JOHANNES**

Ob es das großartige christliche Reich des Priesters Johannes jemals gab? Er sei ein Verbündeter des Abendlandes gewesen. Etwa fünf Jahrhunderte lang wurde es gesucht.

Anschrift unbekannt

König und Priester in Personalunion

Oben
Der Priesterkönig Johannes empfängt die Botschafter von Dschingis Khan. Das Buch der Wunder *nach Marco Polo (Bibliothèque nationale de France, Paris).*

Linke Seite
Der Priesterkönig Johannes sitzt in Äthiopien auf dem Thron. Portugiesische Karte von Ostafrika, datiert auf das 16. Jahrhundert.

Diese verwirrende Legende ist die beharrlichste der europäischen Geschichte und der beste Beleg dafür, dass Fake News keine Erfindung des 21. Jahrhunderts sind. Alles begann 1167 mit einem mysteriösen, an den Kaiser Komnenos von Byzanz adressierten Brief auf Lateinisch von einem gewissen Priester Johannes. Darin beschrieb der allmächtige Herrscher der „drei Indien", Priester und Monarch, sein Reich als Garten Eden auf Erden. Er sei bereit, an den Kreuzzügen teilzunehmen und die Ungläubigen vom Osten aus in die Zange zu nehmen. Zu jener Zeit stand das christliche Abendland im Konflikt mit dem Orient und hätte solch ein Zweckbündnis gut gebrauchen können. Bereits zwanzig Jahre zuvor war dieser Priesterkönig erstmals in einer Erzählung aus Syrien erwähnt worden, die der Historiker des römisch-deutschen Kaisers Friedrich Barbarossa seinerzeit mitgebracht hatte. Fortan suchten mehr und mehr Gesandtschaften den Kontakt zu dem berühmten Priester, doch vergebens, obwohl berühmte Reisende wie Wilhelm von Rubruk und Marco Polo im 13. Jahrhundert oder Jean de Mandeville im 14. Jahrhundert von seiner Existenz berichteten. Im Zuge der Konfrontation mit den Mongolen und den Expeditionen nach China verblasste die Idee eines christlichen Königreichs zwischen Byzanz und Peking. Doch die Legende starb nie ganz aus, sie gelangte zuerst nach Indien und später mit den Portugiesen nach Afrika. Dort hielt man den Negus, den christlichen Herrscher Äthiopiens, für einen Nachfolger des legendären Priesterkönigs. Das 15. Jahrhundert benötigte keine Verbündete mehr in Jerusalem, sondern auf dem afrikanischen Kontinent, dessen Ausbeutung zum strategischen Ziel wurde. So formte sich die Legende fünf Jahrhunderte lang je nach den örtlichen Mentalitäten und politischen Interessen. Vielleicht liegt ihr Ursprung in gefälschten Dokumenten, die der römisch-deutsche Kaiser Barbarossa mit seinem Historiker verfasst hatte, um gegen den Papst vorzugehen, da dieser es ablehnte, dass weltliche und priesterliche Macht in der Hand eines einzigen Herrschers lagen. So die Hypothese des Schriftstellers Umberto Eco, der im Jahr 2000 in seinem Roman *Baudolino* den Mythos wieder aufleben ließ. Auf diese Weise lebt die Legende bis heute weiter.

VORSICHT:
HIER SIND DRACHEN!

Den berühmten Ausspruch „Hic sunt dracones“ bringen wir mit frühen Weltkarten in Verbindung, auf denen damit unbekannte Gebiete gekennzeichnet wurden. Doch stimmt das überhaupt?

Weltweit

Unbekanntes Terrain: Vorsicht vor Unwesen!

Rechte Seite
Der Hunt-Lenox-Globus. Über die Herkunft dieser Weltkugel aus Kupfer, Durchmesser 11,2 Zentimeter, ist nichts bekannt.

Nächste Doppelseite
Auf dieser Seekarte von Nordeuropa, einem Ausschnitt aus der berühmten Carta Marina, *tummeln sich zahlreiche Ungeheuer. Werk des schwedischen Geografen Olaus Magnus, 16. Jahrhundert.*

Wann und wie war dieser lediglich auf zwei historischen Karten vermerkte Spruch „Hic sunt dracones“ als Redewendung in unseren Sprachschatz gelangt? Und warum ausgerechnet Drachen? Historiker haben dafür keine Erklärung. Im Mittelalter und in der Renaissance versah man weiße Flecken auf Weltkarten mit furchterregenden Fabelwesen und kennzeichnete auf diese Weise die noch unerforschten Gebiete. Außer den diversen Unwesen findet man entsprechende Kommentare, etwa „Hier wimmelt es von Löwen“, „Hier gibt es Geier“ oder „Hier leben Pygmäen, Faune und die Könige der Völker“. Auf der Borgia-Karte von 1430 steht sogar der grandiose Satz: „Da sind Schlangen so groß, dass sie einen Ochsen verschlingen können.“ Nur eine einzige Landkarte und ein einziger Globus warnen explizit vor Drachen. Den ersten Nachweis liefert eine allegorische Weltkarte in *La Fleur des Histoires* von 1470 des französischen Historiografen Jean Mansel, das die Zeit ab der Schöpfung bis zum Reich Karls VI. nachzeichnet. Eine zweite Drachenwarnung ziert den Hunt-Lenox-Globus im Bereich von Südostasien. Die auf 1510 datierte Weltkugel, deren Herkunft unbekannt ist, zählt zu den ältesten erhaltenen Globen. Die darauf dargestellten asiatischen Drachen erinnern an die in einigen zeitgenössischen Seefahrerberichten erwähnten Komodowarane. Heutzutage werden die Seeungeheuer der frühen Weltkarten als Fantasiewesen angesehen. Sie spiegeln jedoch die großen Bemühungen der Kartografen wider, die alles unter einen Hut bringen wollten – die Beobachtungen der Seefahrer und die naturhistorischen Erkenntnisse, aber auch religiöse Vorstellungen und nicht zuletzt den künstlerischen Kanon jener Zeit. Im Übrigen dienten diese reich verzierten Karten häufig als Dekorationsgegenstände und nicht als Hilfsmittel zur Erkundung. Auch wenn er so selten verwendet wurde, hat der Spruch „Hic sunt dracones“ die Jahrhunderte bis in die heutige Zeit überdauert. Aktuell verwenden ihn die Informatiker für besonders knifflige Abschnitte in Quellcodes als warnenden Hinweis für andere Entwickler.

HVITSARK
Més.3
P.30
Clima.16
P.29
Més.2
P.28
P.27
79
80
81
82
83
84
85
Corui albi
Vrsi albi
ISLANDIA
Cripto porticus
Berghé
Vestrabord
Isafiord
Nix perpetua
Scalholdin
Ignis cóbu rens aqua
mons Hekla
Chaos
Mons Sanctus
Holensis
Vallen
Vrsi albi
Hanafiord
Chaos
Sulfur
Bremen
Ostrabord
Vespemo
Hamburgēs.
Scoti
Lubicenses
Pistrum siue Phiset
Hordero
Sudero
FARE
Eclea
Mulse
Moachus
Stremb
Monstrum .1537. uisum.
TILE
Hec Insula habet .30. millia popul. & amplius
Hec habitat Dous. Insularum
BALENA
ORCA
ORCADES
XXXIII
HETLAN
Fledero

Cete
Heechstorrenda caribdis
300. pedum
HEGALANDIA terra nobilium
Horum piscium capitibus utitur loco lignorum
Galle a peregrina
Ostrafiord
Quedesfiord
Trondanes
Langanes
Duuanes
Andanes
Rollen
Domus Bircarorum
Gigasund
Skertasund
Malanger
Lokhelle
Gillesford
Sanducer
Gamblauik
Nogauik
Pisces huiccedici
Piscorum piscium frequentissimum
Felborg
Vnderual
Scongen
Berkarn guenar
Capitanei bircarum
Siohem
Gulones
Vanduad
Auuer
Felry
Vikfie
Segeruer
Helganes
Roteluik
Kedeluik
Honauit
Samauik
Skuttigberg
Kind
Bomgang
Matkur
Ca. S. Olaui
Hilse
Trondo
D. Henricus
Nielson
Gilles
Dede
Salten
Adkrakau
Fose
Brue
D. Canutus Alson
Bestad
Scorpe
Bistada
Vdden
Humo dal
Nidrosia metropol
Tronden
Castra
Sparabo
Troll Ardel
Frosten
Lesuger
Lada
Lerdal
Bacca morsse
Vmblouik
Goldal
Ofrestrind
Stauer
Salbo
NORMORIA olim Regnum
Styredal
Herdal
Sula mons
Via monta norum
Valhem
Vik
Surendal
Skogsberg
Sudmora
Soknadal
Vbdal
Sundal
Laeur uma
Asund
Vesterhus
Domus regia
Siuua
Ragund
Fori
Borgelo
Refruda
TEMPHIA
Brufio
Ouiken
Lida
Borgie
Langa
Sudo
SCANDIA
Cogerbela
Vacca marina
Mons altissimus
Hornilla BVR
Sognia
Gudbradrda
Caperdas
Alpes
Suakby
Vidcat dnus et requirat. 3. parali. 24.
Nemo accipiat coronam tuam. Apo. 3.
Silesdallar
Ferrum
Dofrini
Hytter
Osterdalia
Sotdalar
Lacus
Flulusen
Here
Oster
Valders
Halsne
Astre
NORVEGIA Regnum
Sologier
TOTEN
Halimgalab
Sundardalaud
HETMARCHIA
Esterdal
DALACARLIA MAGNA
Kelen
Aruika
Stenes
Nor
Liren
Micreari
Lacusfilien
SVECIA
Siuesueonia
Gostaus suecorum gotorum & rex potentissimus
Alta
Borge
Quinsfiord
TILEMARCHIA
Emporium
Valders
Mui
Brystsund
kaluogh

Mythischer Ort jenseits der Meerenge von Gibraltar

Platon ist der Vater der Atlantis-Erzählung.

Rechts

1803 verortete der Geograf Bory de Saint-Vincent die imaginären Umrisse der Insel Atlantis in der Nähe der Azoren, der Kanaren und Madeira. Außerdem siedelte er in der Region mythische Völker aus der Antike an, wie die Amazonen und Gorgonen.

ATLANTIS, DIE „WAHRE SAGE“

Einst lebte eine hoch entwickelte Zivilisation jenseits von Gibraltar in Glück und Wohlstand, bis Zeus sie in den Fluten versinken ließ.

Die versunkene Stadt Atlantis, Mythos oder Realität? Vielleicht war es bloß ein einfacher Satz, der vor fünfundzwanzig Jahrhunderten die kollektive Fantasie entfachte und die Literaten bibliografischen Schätzungen zufolge zu Tausenden Werken inspirierte. Platon legt Sokrates im *Timaios* folgende Worte in den Mund: „Dass es nicht eine erdichtete Sage, sondern eine wahrhafte Erzählung ist, ist etwas sehr Großes“. Untrennbar verschmelzen damit Fiktion und Wahrheit bereits in der ersten Quelle zum versunkenen Kontinent. Der Politiker Kritias erzählt dem Philosophen Sokrates diese über 9000 Jahre alte „wahre Sage“, die er selbst einst von seinem Großvater gehört und jener wiederum von einem ägyptischen Priester erfahren haben soll. Die Insel Atlantis liegt außerhalb der Säulen des Herakles, am Rande des bekannten Universums. Bei der Aufteilung der Welt wurde die Insel Poseidon zugeschrieben. Die Bevölkerung von Atlantis sind die Nachkommen des Meeresgottes und der sterblichen Kleito. Das Reich wird von einer gerechten Regierung ideal geführt, bis diese politische Utopie durch Eroberungs- und Allmachtbegierden aus dem Ruder läuft. Die Dekadenz und Maßlosigkeit des Inselkontinents zieht den Zorn des Zeus auf sich, der ihn innerhalb eines Tages und einer Nacht vernichtet und im Atlantik versenkt. Die Mehrzahl der Hellenisten und Archäologen lesen Atlantis als philosophische, die Auswüchse von Tyrannei und Imperialismus anprangernde Fabel. Trotzdem halten einige Forscher an der Existenz und der Suche nach der Insel fest. Sie wird an zahlreichen Orten vermutet und ebenso zahlreich sind die bisweilen abstrus esoterischen Geschichten. Atlantis war auch Vorbild für Utopien, so im 16. Jahrhundert in *Utopia* von Thomas Morus, einem harmonischen Gesellschaftsmodell, oder ein Jahrhundert später in *Nova Atlantis* (heute: *Neu-Atlantis*) von Francis Bacon, der die Insel Bensalem als Idealstaat der Gelehrten ersann. Einigkeit herrscht unter Fachleuten darüber: Mit seiner „wahren Sage“ der Utopie besiegelte Sokrates das Verschmelzen von Mythos und Realität.

Nächste Doppelseite

„Späterhin aber entstanden gewaltige Erdbeben und Überschwemmungen, und da versank während eines schlimmen Tages und einer schlimmen Nacht das ganze streitbare Geschlecht bei euch scharenweise unter die Erde, und ebenso verschwand die Insel Atlantis, indem sie im Meere unterging.“ Platon, Timaios. Das Bild zeigt eine von der Atlantis-Legende inspirierte 3D-Visualisierung.

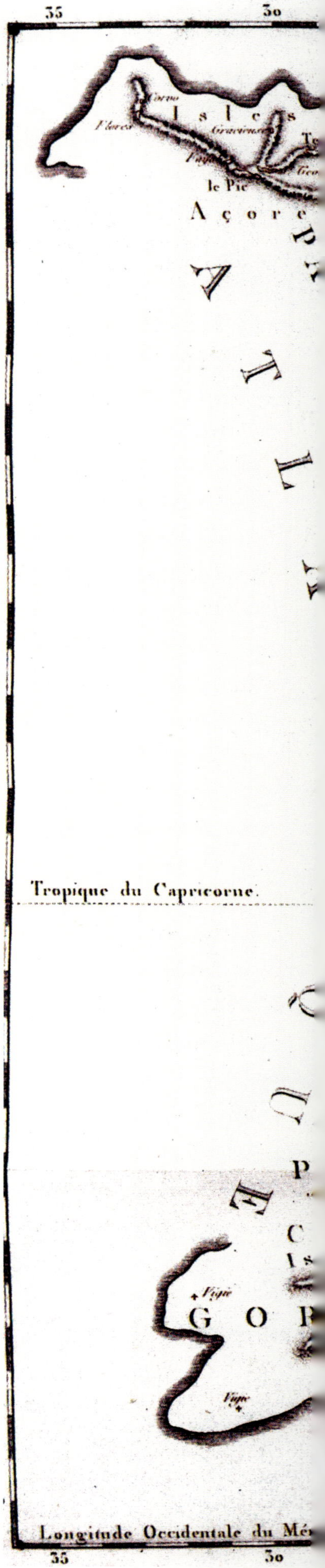

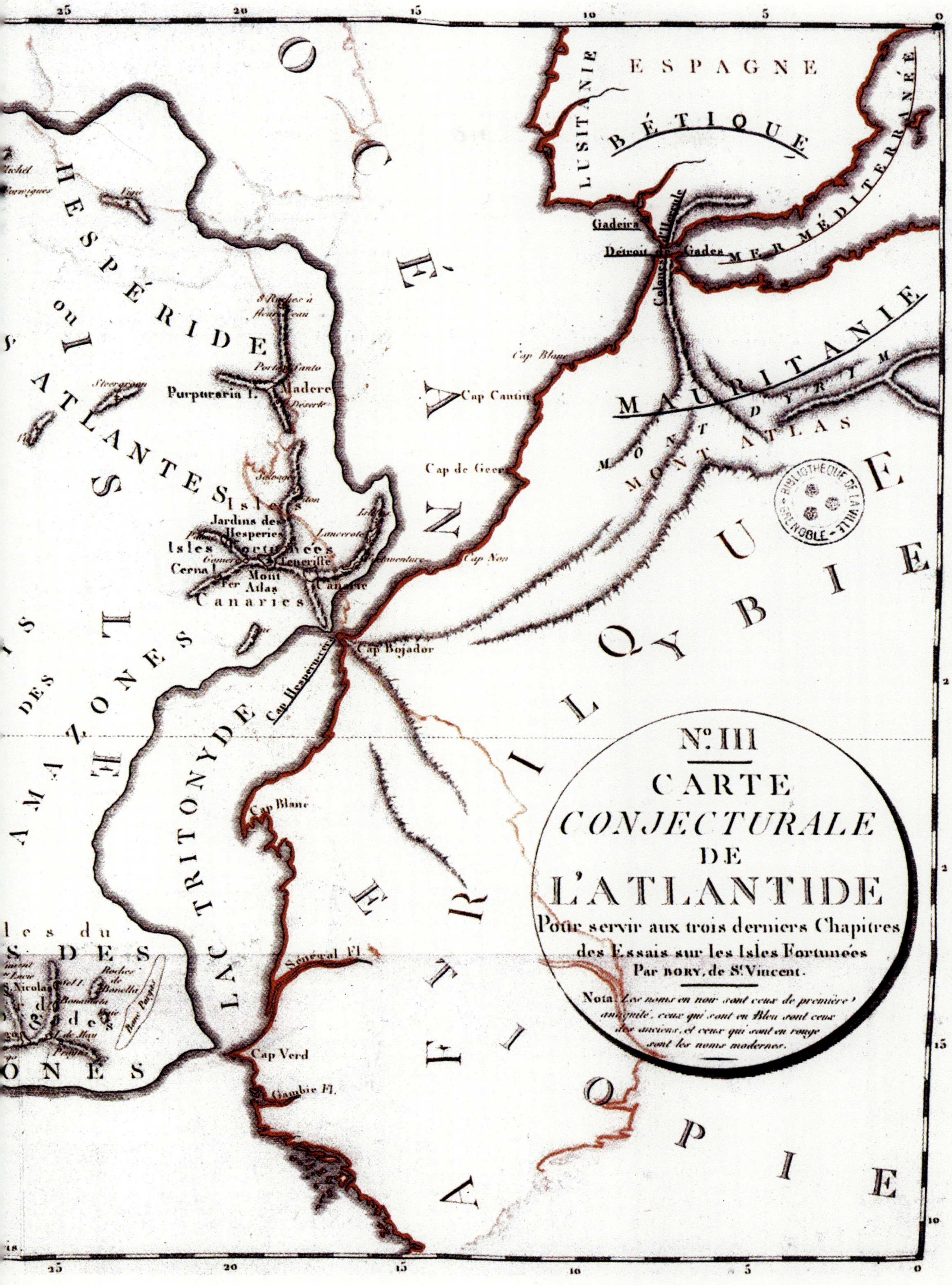
N.° III
CARTE
CONJECTURALE
DE
L'ATLANTIDE
Pour servir aux trois derniers Chapitres
des Essais sur les Isles Fortunées
Par BORY, de St. Vincent.
Nota. Les noms en noir sont ceux de première antiquité, ceux qui sont en Bleu sont ceux des anciens, et ceux qui sont en rouge sont les noms modernes.
ESPAGNE
LUSITANIE
BÉTIQUE
MER MÉDITERRANÉE
Gadeira
Détroit de Gades
MAURITANIE
MONT ATLAS
OCÉAN
HESPÉRIDE
ATLANTES
Purpuraria I.
Madere
Porto Santo
Isles Fortunées
Canaries
Mont Atlas
Cerna I.
Cap Cantin
Cap de Geer
Cap Non
Cap Bojador
Cap Blanc
LAC TRITONYDE
Sénégal Fl.
Cap Verd
Gambie Fl.

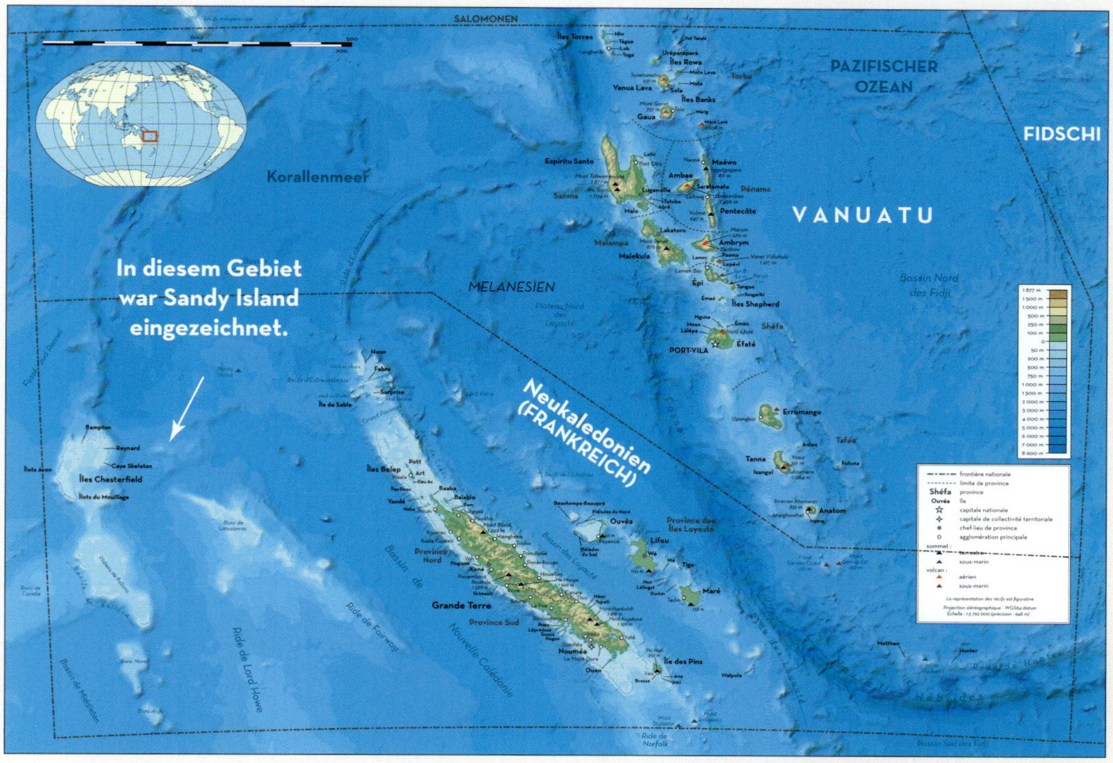

DIE PHANTOMINSEL SANDY ISLAND

Mehr als einhundertvierzig Jahre lang war die Insel im Korallenmeer auf Seekarten eingezeichnet. Dabei existierte sie überhaupt nicht.

Korallenmeer (Neukaledonien)

Wenn es die Insel gäbe, wäre sie französisch.

Um das Jahr 1880 hielt Sandy Island, die „Sandinsel“, erstmals Einzug in Seekarten und Atlanten. Aber nicht einfach irgendwo! Sie erschien in dem renommierten *Times Atlas of the World*, im äußerst seriösen *Atlas der National Geographic Society* und bis vor Kurzem auch auf Google Maps. Allerdings gibt es vor Ort weit und breit keine vermeintlich 25 Kilometer lange Insel, nicht einmal bei den Koordinaten auf den Landkarten, die in den französischen Hoheitsgewässern zwischen Australien und Neukaledonien angegeben waren. Seit 1979, nach einer Erkundungsmission der französischen Marineluftfahrt, ist Sandy Island von den Seekarten des Hydrografischen und Ozeanografischen Dienstes der französischen Marine (SHOM) verschwunden. 2008 ergab eine weitere Studie, dass das Eiland definitiv nicht existierte, und zum gleichen Schluss kam 2012 eine australische wissenschaftliche Expedition, bei der man Sandy Island für unauffindbar erklärte. Damals begeisterte sich Shaun Higgins, Bibliothekar im Museum von Auckland, für die Sache und stöberte in neuseeländischen Seefahrtarchiven. Er stieß auf den Walfänger *Velocity*, der 1876 vermutlich zum ersten Mal die Position der Geisterinsel vermeldete. Was genau hatte die Besatzung gesichtet? Eine heftige Brandung? Die ein oder andere kleine Sandinsel? Zumindest hielten sie diese Stelle für riskant und daher erwähnenswert. Vielleicht „glaubten“ sie auch nur, etwas zu sehen, oder sie hatten sich beim Ablesen der Koordinaten geirrt? Kurzum, Gründe gibt es viele, warum dieser kleine Punkt auf der Landkarte auftauchte und fortan jahrzehntelang immer wieder übertragen wurde. Zumindest handelt es sich offensichtlich um ein Versehen, was man nicht über alle Phantominseln sagen kann, die auf Karten zu Unrecht weiterkopiert wurden. Im Jahr 1558 etwa behauptete der Venezianer Nicolò Zeno, seine Vorfahren hätten südlich von Island Ende des 14. Jahrhunderts das berühmte Frisland entdeckt, was er bewusst falsch, aber detailliert und geschickt dokumentierte. Es dauerte ein Jahrhundert, bis der Schwindel aufflog.

Oben
Die Insel Sandy Island, französisch auch Île de Sable, ist endgültig von den Landkarten verschwunden ... und von Google Maps.

Linke Seite
Was hatte die Besatzung des Walfängers Velocity *wohl seinerzeit gesichtet?*

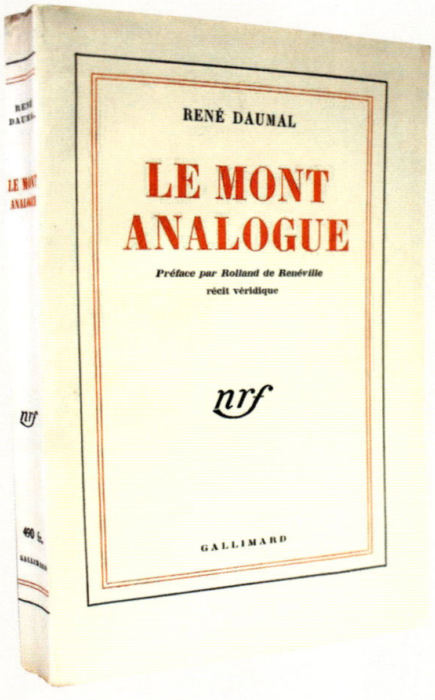

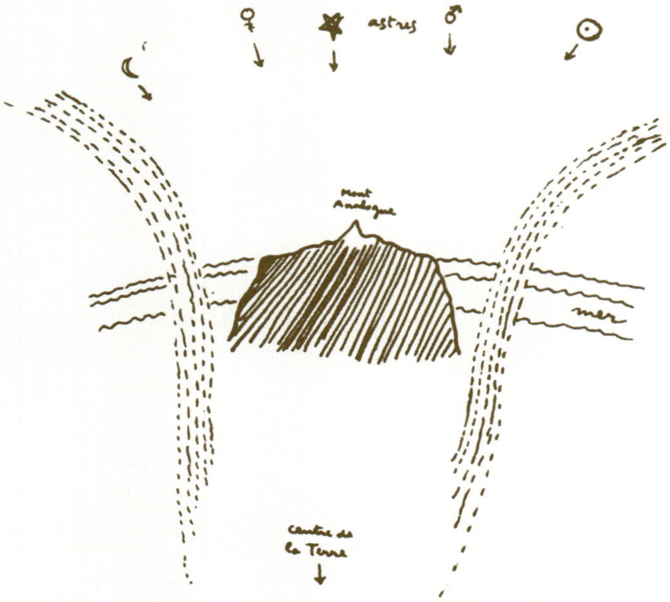

ZWISCHEN HIMMEL UND ERDE: DER BERG ANALOG

Es ist der Bericht einer spirituellen Suche nach dem Berg aller Berge, unsichtbar und unerreichbar. Zwischen Utopie, Sakralisierung und Abenteuerroman, lässt sich Der Berg Analog nirgendwo einordnen.

Imaginäre Welten

Der unvollendete Roman bricht nach einem Komma ab.

Oben links

Originalausgabe von 1952 mit dem Untertitel „récit véridique", auf Deutsch: „wahrheitsgetreuer Bericht".

Oben rechts

„Das Tor zum Unsichtbaren muss sichtbar sein". Zeichnung in Der Berg Analog *von René Daumal.*

Rechte Seite

Der Kailash (6638 m) in Tibet, China, symbolisiert als irdisches Pendant den von gläubigen Hindus und Buddhisten verehrten mythischen Weltenberg Meru. Er ist sozusagen ihr Berg Analog.

Jede Abenteuerliteratur steht im Bund mit den Grenzen unserer Welt. Von *Gilgamesch* bis hin zu Jules Verne und dessen zeitgenössischen Nachahmern, über Werke wie *Das Ufer der Syrten* oder *Die Tatarenwüste*, die sich auch genreübergreifend mit symbolträchtigeren und metaphysischeren Randräumen befassen. Doch am Firmament der äußersten Grenze zum Anderswo erstrahlt der von René Daumal erdachte *Berg Analog*, der Himmel und Erde verbindet. Dieses Bindeglied mit dem Jenseits „muss materiell und für den Menschen existieren, wenn unsere Lage nicht hoffnungslos sein soll." Irgendwo zwischen fantastischem Realismus, philosophischer Erzählung und Populärroman rangierend, schildert das Buch die von Dr. Sogol angeführte Expedition zur Entdeckung des unsichtbaren, auf einer Insel gelegenen Berggipfels. Infolge der Raumkrümmung ist der Berg für Sterbliche verborgen, aber lokalisierbar, wenn man an seine Existenz glaubt. Nach einer merkwürdigen Initiationsreise gelangen sie zum Fuße des Berges Analog, stoßen dort auf eine streng ökologische Gesellschaft und beginnen den Aufstieg, der einem existenziellen Abenteuer zwischen Selbstüberwindung und Selbstfindung gleicht. Ob die Gruppe den Gipfel je erreicht, der unvergleichliches spirituelles Erwachen verheißt? Den Ausgang der Geschichte vorzuenthalten, fällt leicht, da die Tuberkulose den Autor vorzeitig aus dem Leben riss. Das unvollendete Buch erschien posthum 1952, acht Jahre nach dem Tod des Sechsunddreißigjährigen. Der früh talentierte Dichter und Mitbegründer der rebellischen Literaturzeitschrift *Le Grand Jeu*, der von der indischen Spiritualität fasziniert war, hinterließ mit *Der Berg Analog* ein kraftvolles, inspirierendes Werk, das man in Frankreich erst kürzlich mit einer Reihe von Ausstellungen und Ehrungen wieder der Öffentlichkeit näherbrachte. Unterdessen setzen die Romanhelden Sogol und seine sieben Gefährten ihre Expedition fort, ebenso wie die Leserinnen und Leser, die ihren eigenen Aufstieg in Angriff nehmen und das für immer verborgen bleibende Ende der Geschichte selbst wählen können.

DIE RÄNDER **DER FLACHEN ERDE**

Ein Mythos bleibt selten allein. Dass man im Mittelalter die Erde als Scheibe sah, ist ein Mythos, dem die Anhänger der Flat-Earth-Theorie folgen. Doch wer profitiert von dieser Wissenschaftsleugnung?

Weltweit

Zehn Prozent der Franzosen glauben, die Erde sei flach.

Oben

Eine Scheibe, von der Antarktis begrenzt und von einer atmosphärischen Kuppel überragt: So stellen die „Flat Earthers" häufig die Erde dar.

Linke Seite

Der Titan Atlas war von Zeus dazu verdammt, das Himmelsgewölbe zu tragen … nicht die Himmelsscheibe. Dogenpalast, Venedig.

In unseren Köpfen kursiert das „mittelalterliche" Bild eines Schiffes, das, am Rand der flachen und begrenzten Welt angekommen, in einen endlosen Abgrund stürzt. Intuitiv erwachen in uns die mittelalterlichen Theorien einer flachen Erde. Als wäre die Epoche, in der die wissenschaftlichen Erkenntnisse der griechischen Antike geleugnet wurden, ein langer, finsterer Tunnel gewesen. Dabei hatte der Geograf Eratosthenes die Kugelgestalt der Erde, die bereits Platon und Aristoteles vertraten, im 2. Jahrhundert v. Chr. mathematisch belegt. Tatsächlich glaubten die Menschen im Mittelalter nicht mehr an die Erde als Scheibe, sie waren also keine „Platistes" oder „Flat Earthers", wie man sie im Französischen bzw. Englischen nennt, denn das kugelförmige Erdmodell wurde an allen Universitäten gelehrt. Heute hält es die Fachwelt sogar für eine gezielte Manipulation des Bewusstseins und der Wissenschaftsgeschichte, die Ende des 18. Jahrhunderts begann und im 19. Jahrhunderts auf dem Höhepunkt war. In jener Zeit verbreiteten die Vordenker der Aufklärung, allen voran Voltaire, im Kampf gegen den Obskurantismus die Ansicht, dass die Kirchenväter diesen aberwitzigen Glauben an die Erdscheibe durchsetzten und nur große Seefahrer und Gelehrte wie Kolumbus und Galilei die Menschheit aus dieser rückwärtsgewandten Sackgasse herausführten. Die Methode der Kirche: Sie übertrieb die Bedeutung und Autorität christlicher Theoretiker, eigentlich Randfiguren, darunter Kosmas Indikopleustes, ein Nestorianer des 6. Jahrhunderts. In seiner *Christlichen Topographie* widersprach er mit Bezug auf die Bibel allen Erkenntnissen der Griechen und entwarf das Bild einer flachen, in einem Tabernakel eingeschlossenen Erde, womit er definitiv in der Minderheit war. Dass die Vorstellung einer Erde als Scheibe aus dem Mittelalter stammte, war eine Art Verschwörung der Neuzeit, die gezielt den mittelalterlichen Kenntnisstand verfälschte, um sich die intellektuelle Vorherrschaft über die religiösen Lehren zu sichern. Und der Mythos, dass man im Mittelalter an die Erdscheibe glaubte, hält sich ebenso hartnäckig wie der Mythos selbst. Jüngsten Studien zufolge halten es in Frankreich rund zehn Prozent der Befragten für möglich, dass die Erde eine Scheibe sei. Es läuft eben immer irgendetwas nicht rund.

Rechts
Illustration aus dem 19. Jahrhundert im Stil des Mittelalters, die eventuell den Glauben an die Erde als Scheibe darstellen will. Kolorierte Fassung von mutmaßlich Flammarions Holzstich.

AN DEN RÄNDERN DER WELT

Manche Randregionen sind derartig wild und unwirtlich, dass sie uns Angst einflößen. Andere wecken mit ihrer Unberührtheit und Unzugänglichkeit paradiesische Visionen. Und wieder andere sind so abgelegen und einsam, als wären sie wahrhaftig der äußerste Rand der Welt. Es gibt Grenzgebiete, die der Mensch künstlich berechnete (welche ist die isolierteste Insel der Erde?) oder deren Festlegung eine absolute Notwendigkeit war (wo beginnt der Weltraum?). Willkommen in einer Welt der Grenzlinien, Punkte oder Winkel, die nicht immer real sind, mitunter unerreichbar und unerkundbar.

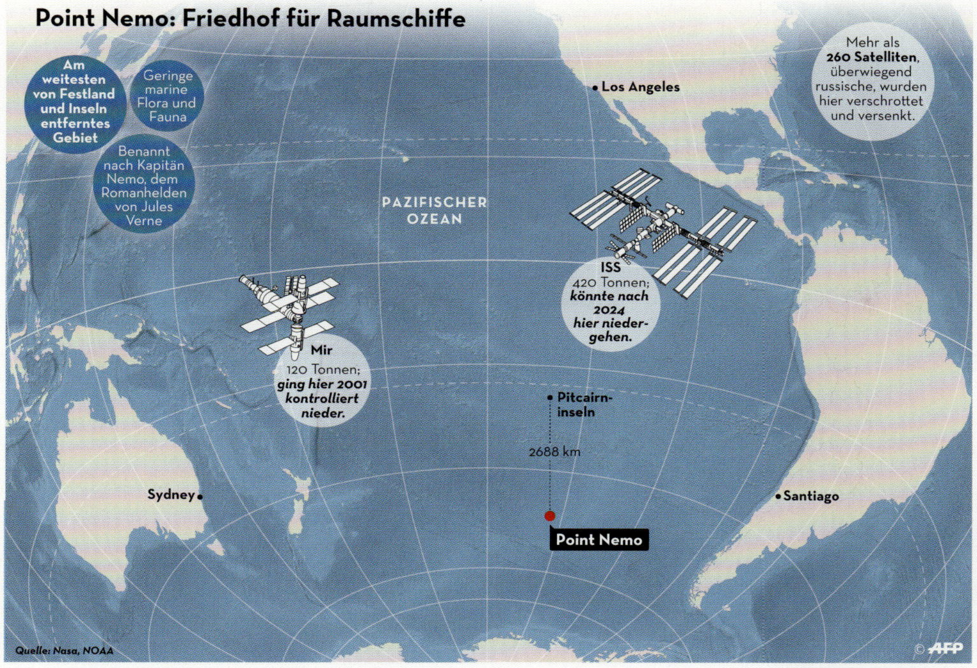

POINT NEMO, WEIT ENTFERNT VON JEDEM FESTLAND

Mitten im Südpazifik, fernab und einsam gelegen, bietet das Gebiet um Point Nemo alten Raumschiffen eine letzte Ruhestätte.

Südpazifischer Ozean

Das Gebiet umfasst 22 Millionen km².

Linke Seite oben

Das zu Point Nemo am nächsten gelegene Land ist Ducie Island, in 2688 Kilometern Entfernung.

Linke Seite unten

Die berühmten Überreste bei Point Nemo stammen zweifellos von der Raumstation Mir, die dort 2001 in den Pazifik stürzte.

Der Ort trägt seinen Namen zu Recht: Das lateinische Wort Nemo bedeutet „Niemand". Genauer gesagt, „kein Mensch" (ne hemo). So heißt auch der Held in *Zwanzigtausend Meilen unter dem Meer* von Jules Verne. Point Nemo, der Pazifische Pol der Unzugänglichkeit (auch „Wasserpol" genannt), ist eine von Mensch und Land weit entfernte Stelle im Ozean. Mit dem gleichnamigen misanthropischen Kapitän der *Nautilus* teilt sie die Einsamkeit. 2688 Kilometer trennen Point Nemo, vor den Küsten der Antarktis, Neuseelands und Chiles gelegen, von Ducie Island, einem unbewohnten Atoll der Pitcairninseln. Die nächsten Menschen leben auf den Osterinseln. Seine exakten Koordinaten wurden Anfang der 1990er-Jahre bestimmt, wobei es kein Punkt, sondern ein größeres Gebiet auf der Landkarte ist. Wegen der geringen biologischen Vielfalt und der 22 Millionen Quadratkilometer großen Fläche wählte man es 1971 als Deponie für Weltraummüll bzw. als Raumschiff-Friedhof, wie die Wissenschaftler lieber sagen. Etwa dreihundert Raumflugkörper, u. a. 2001 die russische Raumstation Mir, wurden dort nach ihrem Missionsende bereits kontrolliert zum Absturz gebracht und liegen tief am Meeresgrund „begraben". Das sind 120 Tonnen Metall, über die sich der Ozean nicht gerade freut. Doch wer will sich beschweren, dass die Wissenschaft das unbewohnteste Gebiet unseres Planeten dafür aussuchte. Der Luft- und Seeverkehr wird übrigens immer vorab gewarnt, wenn wieder einmal das Versenken von Raumschifftrümmern ansteht. Trotz seiner isolierten Lage im unermesslich weiten Ozean erhält Point Nemo gelegentlich Besuch und rückt gar ins Rampenlicht, wenn die Segler bei der Vendée Globe in diesen meteorologisch gefürchteten Gewässern kreuzen. Dann genießt Point Nemo wenigstens etwas menschliche Gesellschaft. Ansonsten kommen ihm die Astronauten an Bord der Internationalen Raumstation am nächsten. Sie dreht in 400 Kilometer Höhe ihre Bahnen und blickt vielleicht schon vorahnungsvoll auf ihre künftige letzte Ruhestätte hinab, die sie dort in ungefähr zehn Jahren finden wird.

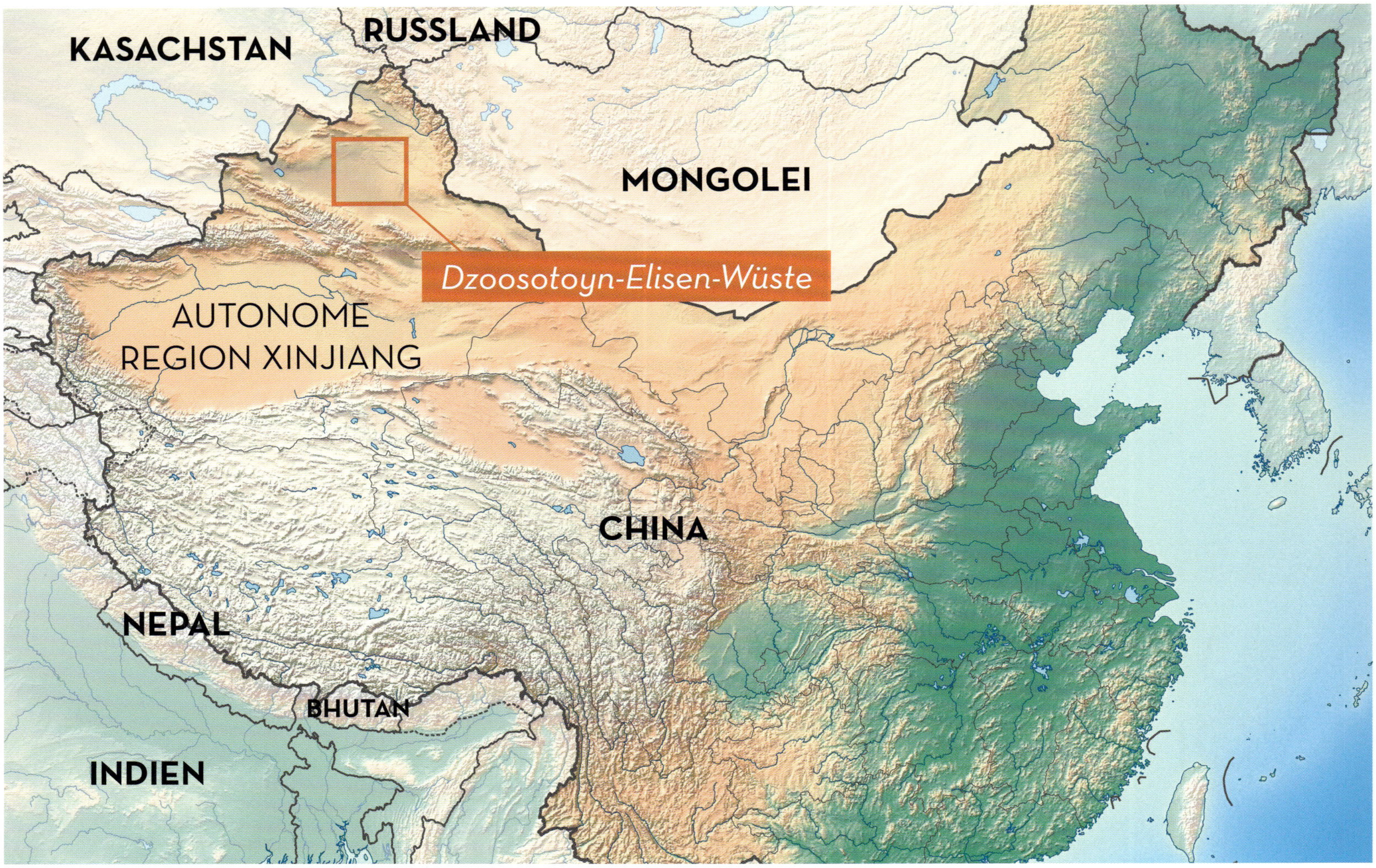
KASACHSTAN
RUSSLAND
MONGOLEI
Dzoosotoyn-Elisen-Wüste
AUTONOME
REGION XINJIANG
CHINA
NEPAL
BHUTAN
INDIEN

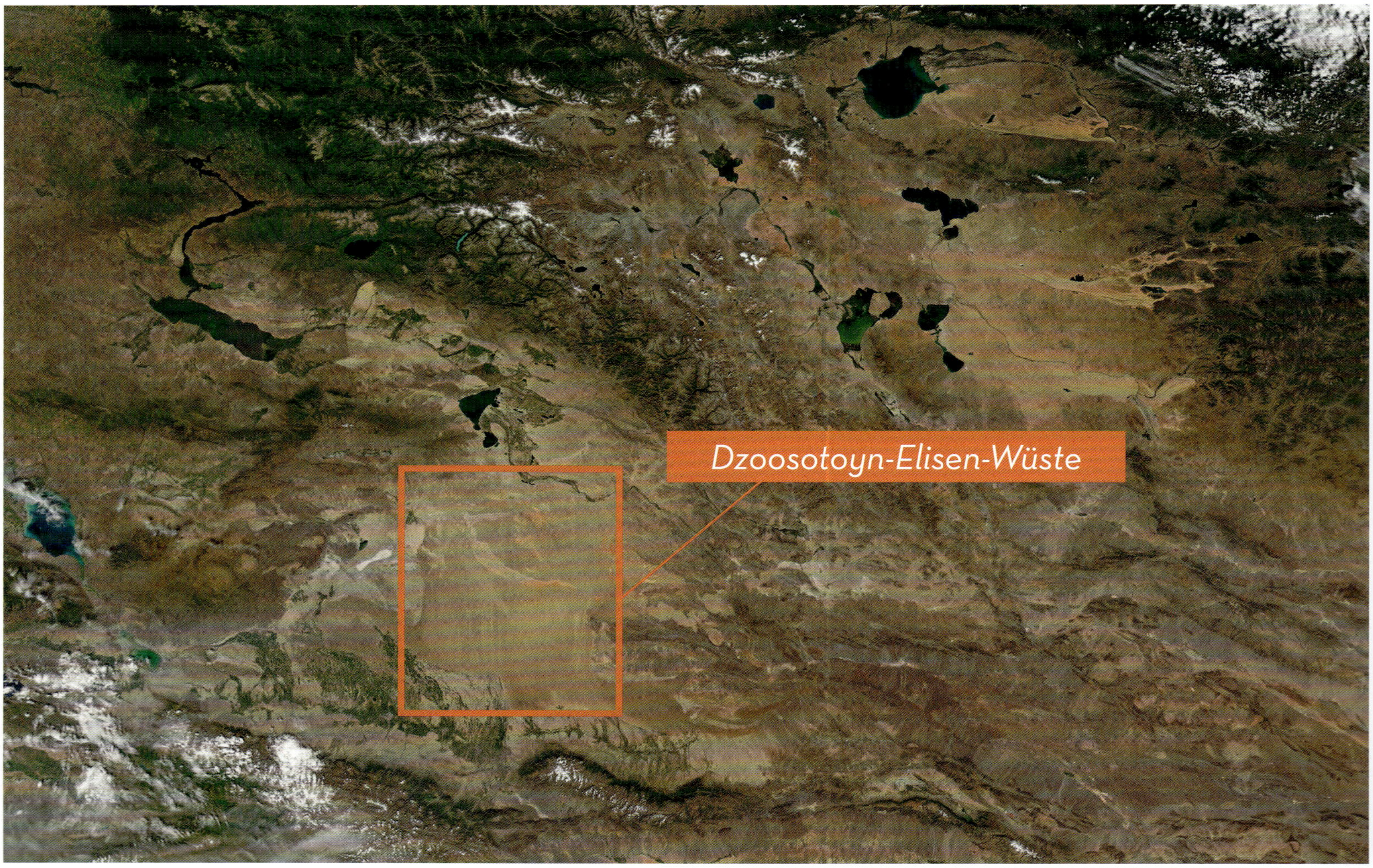
Dzoosotoyn-Elisen-Wüste

FERN ALLER KÜSTEN: POL DER UNZUGÄNGLICHKEIT

Einsam und verlassen befindet sich inmitten der Dzoosotoyn-Elisen-Wüste im Herzen von Xinjiang, einem strategisch wichtigen Gebiet für China, der sogenannte „Pol der eurasischen Unzulänglichkeit".

Autonome Region Xinjiang (China)

Die Dzoosotoyn-Elisen-Wüste wird auch Gurbantünggüt genannt.

Oben
Ein Hauch von Wildwest weht über dem äußersten Westen Chinas.

Linke Seite oben
Geografische Lage der Wüste auf der Landkarte.

Linke Seite unten
Satellitenbild der Dzoosotoyn-Elisen-Wüste, mit 50 000 km² die zweitgrößte Chinas nach der Taklamakan-Wüste.

Um ganz genau zu sein, ringen seit 2007 noch zwei weitere Anwärter mit der Dzoosotoyn-Elisen-Wüste um den Titel der am weitesten von der Küstenlinie entfernten Stelle unseres Planeten. Sollte man für die Berechnungen den Obbusen, einen Golf in der russischen Karasee, als Meeresküste werten oder nicht? Diese Entscheidung steht uns nicht zu, zumal alle Kandidaten in der autonomen chinesischen Region Xinjiang liegen. Nehmen wir also die Koordinaten 46°17'N, 86°40'O. Diese führen uns mitten in die nach der Taklamakan zweitgrößte Wüste Chinas, die knapp 50 000 Quadratkilometer groß und exakt 2645 Kilometer von der nächsten Küste entfernt ist. Der sogenannte eurasische Pol der Unzulänglichkeit liegt somit im Herzen von Xinjiang, der „neuen Grenze", wie Xinjiang aus dem Mandarin übersetzt heißt. Der „Wilde Westen" Chinas ist das frühere Ostturkestan, das historisch von dem turksprachigen, dem Islam angehörigen Volk der Uiguren besiedelt war. Die seit jeher unsichere Transitregion liegt an der Kreuzung iranischer, türkischer, mongolischer und chinesischer Herrschaftsgebiete. Die „neuen" Grenzen wurden im 18. Jahrhundert gezogen, als die Qing-Dynastie entschied, das strategisch wichtige Gebiet endgültig in ihr Reich einzugliedern. Ab den 1950er-Jahren trieb die Volksrepublik die Entwicklung der Region voran, die umso wichtiger wurde, seit dort vor nicht langer Zeit einige der bedeutendsten Wasserstoffvorkommen des Landes entdeckt wurden. Das strategische Grenzgebiet fungiert als Pufferzone für acht Länder, von Indien über mehrere zweifelhafte Postsowjetrepubliken bis hin zur Mongolei. Für China ist dieses Wüstengebiet für seine Nuklearversuche und Weltraumflüge von entscheidender Bedeutung. So entscheidend, dass Peking dort die Siedlungspolitik der Han-Chinesen, der dominierenden Ethnie des Landes, auf Kosten der Uiguren vorantreibt, die in regelmäßigen Abständen einen wahrhaften Genozid beklagen.

TRISTAN DA CUNHA, INSEL DER EINSAMKEIT

Nur einige wenige Briten leben auf der isoliertesten Insel unseres Planeten. Ihre faszinierende Geschichte bewegt sich zwischen Historienroman, Katastrophenfilm und philosophischer Erzählung.

Mehr als 2000 Kilometer vor der südafrikanischen Küste erhebt sich das vulkanische Eiland, kaum zehn Kilometer im Durchmesser, über 2000 Meter hoch aus dem Südatlantik. Unaufhörlich fegen Stürme über die karge Vegetation der Insel hinweg, deren Ressourcen ebenso gering sind wie die etwa 250 Personen zählende Bevölkerung. Die unwirtliche Lage und das raue Klima spiegeln sich im Beinamen wider: Insel der Einsamkeit. Trotz alledem entscheiden sich seit gut 200 Jahren ihre Bewohner aus freien Stücken, dort zu leben und gar wieder dorthin zurückzukehren. Doch beginnen wir am Anfang: Benannt ist die Inselgruppe Tristan da Cunha nach dem portugiesischen Entdecker, der sie 1506 zwar erspähte, aber nicht betrat. Die Briten annektierten sie 1816, damit die „Zufahrt" zur immerhin 2400 Kilometer entfernten Insel Sankt Helena gesichert

Oben
Ein Vulkan mitten im Ozean.

Rechts
Fotografie der Insel, aufgenommen von der NASA.

Südatlantischer Ozean

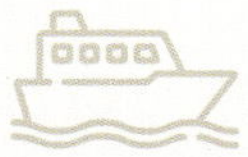

Anreise: 7 Tage mit dem Schiff

war. Vor allem wollten sie die Flucht ihres Gefangenen, Napoleon Bonaparte, unter allen Umständen verhindern. Nach dem Tod des verbannten Kaisers beschloss ein schottischer Korporal, mit Frau und Kindern sowie einer Handvoll Männern zu bleiben und eine christlich-utopische Kolonie zu gründen. Die in der Verfassung verankerte Maxime, „hier erhebe sich niemand über den anderen", hat noch heute Bestand. Schiffbrüchige und Robinson-Fans sorgten über Jahre für steigende Einwohnerzahlen. Die Erfindung der Dampfmaschine sowie der Suez- und der Panamakanal rückten Tristan da Cunha allerdings noch weiter von den Schifffahrtsrouten ab. Die Insulaner lebten längere Zeit quasi von der Außenwelt abgeschnitten, bis 1961 der Vulkan ausbrach und die britische Krone ihre Staatsbürger aus dem freiwilligen Exil nach Hause holte. Zwei Jahre später entschlossen sich die Tristanesen, der Moderne und des Fortschritts überdrüssig, fast einstimmig zur Rückkehr in die Selbstversorgung. Ihre Hauptressourcen, Langusten und Briefmarken finden weltweit reißenden Absatz, viel mehr als die dritte Einnahmequelle, der Tourismus. Dazu muss man wissen: Es gibt keinen Flugplatz, nur zehn Mal jährlich fährt ein Schiff hin und zurück, die einfache Fahrt vom Kap der Guten Hoffnung dauert sieben Tage und die Zahl der Passagiere ist auf etwa ein Dutzend beschränkt. Ein Reiseziel also, das man sich hart erkämpfen muss.

Oben
Edinburgh of the Seven Seas. Im Jahr 2019 zählte die einzige Ortschaft auf Tristan da Cunha insgesamt 246 Einwohner.

Rechte Seite
Die Anreise ist so weit wie zu kaum einem anderen Ort auf der Erde … und kaum ein Ort ist komplizierter zu erreichen.

ACENSION ISLAND
1741 MILES
ST HELENA ISLAND
1343 MILES
CAPE TOWN
LONDON
5337 MILES
OSLO
5915 MILES
FALKLAN
2166

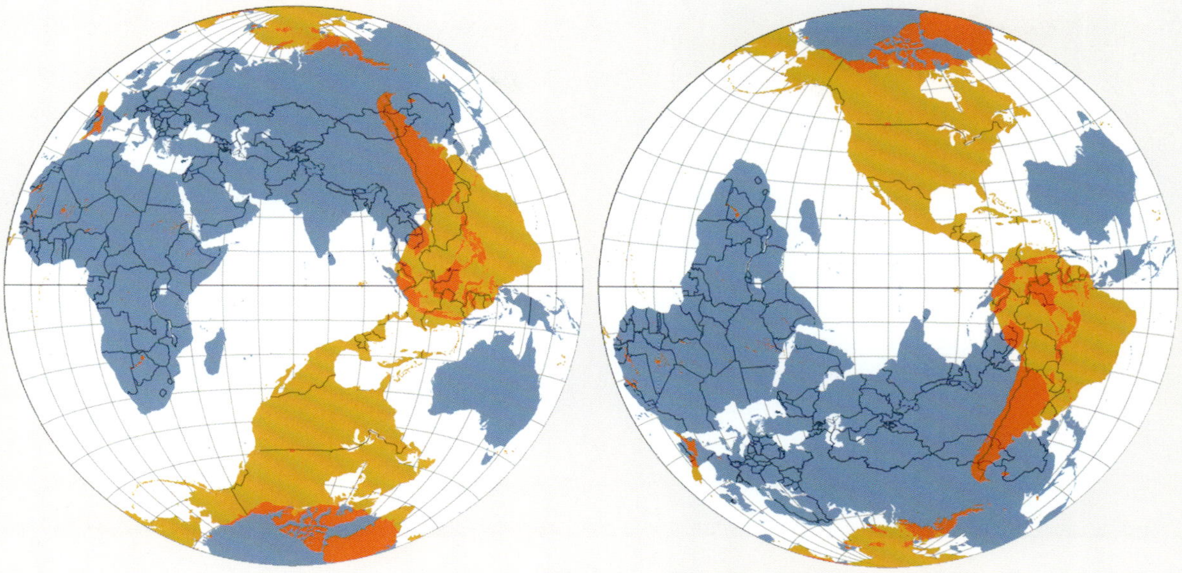

DIE ANTIPODEN: DIREKT UNTER UNSEREN FÜßEN

Unser allerfernstes Reiseziel befindet sich immer unmittelbar unter unseren Füßen. Es ist der sogenannte antipodische Punkt. Der kürzeste Weg dorthin führt durch den Mittelpunkt der Erde.

Weltweit

Bekannteste Antipoden: Nord- und Südpol

Es wäre gewiss keine leichte Expedition und mit einigen Unannehmlichkeiten verbunden. Wir sollten den Mineralogen Otto Lidenbrock fragen, den sich Jules Verne in seiner *Reise zum Mittelpunkt der Erde* ausdachte. Nach der Durchquerung des brodelnden Erdkerns landen wir nämlich höchstwahrscheinlich im weiten Ozean. Aus Gründen der Bequemlichkeit, der Sicherheit und damit wir nicht plötzlich auf dem Kopf stehen, nutzen wir lieber einen der Online-Kartendienste, mit denen sich heute sehr leicht die gegenüberliegenden Punkte auf dem Erdball bestimmen lassen. Als ob wir unter unseren Füßen einen Tunnel senkrecht durch die Erde bohren würden. Am besten mit Taucherflossen, denn der Ausgang liegt nur mit geringer Wahrscheinlichkeit an Land. Kein Wunder, denn die Erde ist zu mehr als siebzig Prozent mit Wasser bedeckt. Selten befinden sich beide antipodische Punkte auf festem Boden. Die Antipoden von fast ganz Europa, Afrika, Nordamerika und Ozeanien liegen im Ozean. In Polnähe steigen unsere Chancen, beim Bohren auf Landflächen zu stoßen, wobei uns dann am Tunnelausgang eisige Kälte entgegenschlagen würde. In den gemäßigteren Breiten trifft ein Großteil Spaniens auf Neuseeland und Teile von Südasien und Südostasien verfügen über Antipoden in Südamerika, hauptsächlich in Chile und Argentinien. Weltweit haben ungefähr fünfzehn Metropolen (nahezu) antipodische Schwestern, darunter Lima und Bangkok, Quito und Singapur, La Coruña und Christchurch. Tatsächlich liegen sogar die Antipoden der sogenannten Antipodeninseln, südlich von Neuseeland, fast auf dem europäischen Festland. Die Briten hatten die Inselgruppe einst so getauft in der Annahme, sie lägen exakt entgegengesetzt von England. Ein Irrtum – die Antipodeninseln treffen diametral auf die Gemeinde Gatteville-le-Phare, gelegen an der Spitze der Halbinsel Cotentin in der Normandie, also in Frankreich!

Oben
Weltkarte der Antipoden. Die rot gefärbten Gebiete treffen bei einer geraden Linie mitten durch die Erdkugel auf Festland.

Linke Seite
Professor Lidenbrock, dessen Neffe und der Isländer Hans Bjelke zu Beginn ihrer Reise zum Mittelpunkt der Erde. *Illustration im Roman von Jules Verne, 19. Jahrhundert.*

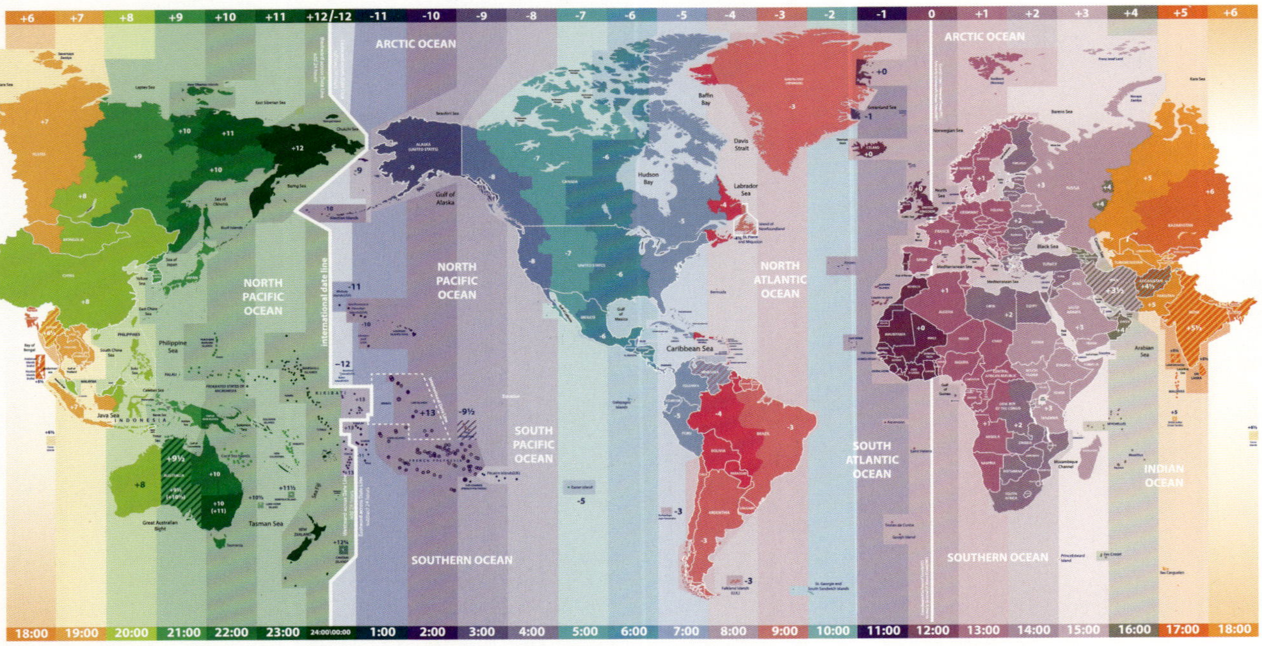

DIE GRENZEN DER **KOORDINIERTEN WELTZEIT**

Die Unterteilung des Erdballs in Zeitzonen erscheint uns heute als selbstverständlich. Dabei ist sie das Ergebnis einer langen und konfliktreichen Geschichte, die wohl noch nicht zu Ende ist.

Weltweit

21 Uhr in Shanghai = 14 Uhr in London

Oben
Die Zeitzonen verlaufen manchmal eher im Zickzack als geradlinig.

Rechte Seite oben
Das Royal Greenwich Observatory wurde 1675 in einem östlichen Vorort von London gegründet.

Rechte Seite unten
Der Makkah Clock Royal Tower, der Mekka überragt, ist das vierthöchste Gebäude der Welt.

Ende des 19. Jahrhunderts wurde das Synchronisieren der Uhrzeit für die Nationen immer notwendiger, um das mit dem Ausbau des internationalen Handels und der großen Eisenbahnstrecken erwartete Fahrplanchaos zu verhindern. Wissenschaftler plädierten für die Aufteilung der Erdkugel in Sektoren. Doch welches Land sollte das Privileg erhalten, fortan die Weltzeit zu bestimmen? Über diese Frage grübelten 1884 fünfundzwanzig Staaten in Washington. Ihre Wahl für den Nullmeridian fiel auf die Sternwarte im Londoner Vorort Greenwich, die sich klar gegen vier Mitbewerber durchsetzte, darunter der im 17. Jahrhundert zum ersten internationalen Meridian bestimmte Ferro-Meridian auf der Kanareninsel Ferro (heute El Hierro) und der Pariser Meridian des Observatoriums von Paris, den die Franzosen seit 1792 bevorzugten. Die Entscheidung in Washington verärgerte Frankreich so sehr, dass es erst 1911 auf die GMT – Greenwich Mean Time – umstellte. Die Weltzeit bleibt jedoch ein globales geopolitisches und kulturelles Thema. Zum Einen werden die Zeitzonen seit der Festlegung vor allem in China und Russland ständig verschoben. Zum Anderen verläuft der Antimeridian, auf der gegenüberliegenden Seite des Nullmeridians, eher im Zickzack als gerade. Als Datumsgrenze durchzieht er den Pazifik auf dem 180. Längengrad und wird immer mal wieder angepasst. So entschied 2021 die kleine Pazifikinsel Niue, wie zuvor 2011 Samoa, einen Tag zu überspringen und sich der Zeitzone Neuseelands, ihrem wichtigsten politischen und wirtschaftlichen Partner, anzuschließen, dem es immer 23 Stunden hinterherhinkte. Im Übrigen weckt das Privileg, das Tempo der Welt zu diktieren, auch Begehrlichkeiten. Seit 2010 hat Greenwich einen großen Konkurrenten in Mekka. Dort prangt die größte Turmuhr der Welt – sechsmal so groß wie Big Ben – auf einem sechshundert Meter hohen Turm. Sie zeigt nicht nur 1,5 Milliarden Gläubigen die „Arabian Standard Time“ an, sondern demonstriert auch den festen Willen, sich gegen den Imperialismus der ehemaligen Kolonialmacht zu behaupten.

الله

WGS84
ARGENTINA
CHILE
ISLA GRANDE
DE
TIERRA DEL FUEGO
D R A K E

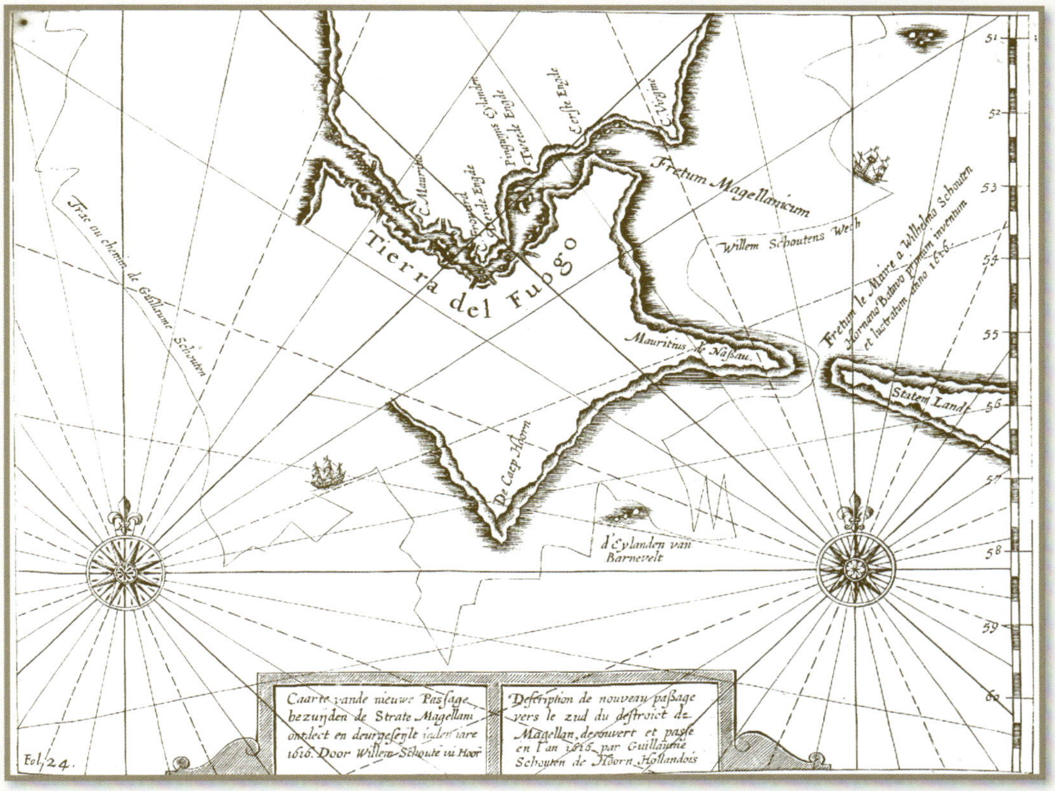

GANZ IM SÜDEN: **KAP HOORN**

Das am meisten gefürchtete Kap der Welt ist zugleich das begehrteste. Die allerersten Seefahrer, die es umschifften, wurden in Ketten gelegt.

Isla de Hornos (Chile)

Die höchsten Wellen am Kap Hoorn sind 30 Meter hoch.

Oben
Die Karte von 1619 beschreibt die neue Passage südlich der Magellanstraße, die der holländische Seefahrer Willem Schouten aus Hoorn 1616 durchfuhr.

Linke Seite oben
Bei seiner Passage 1832 notierte Darwin, der Anblick von Kap Hoorn allein reiche aus, um „eine Woche lang von Schiffswracks, Gefahren und Tod zu träumen".

Linke Seite unten
Bevor der Panamakanal 1914 eröffnet wurde, mussten die Schiffe um das Kap Hoorn fahren.

Nächste Doppelseite
Für den heftigen Seegang vor Kap Hoorn sorgt der antarktische Zirkumpolarstrom.

Das Kap ist ein Mythos. Ein heiliger Gral für technische Höchstleister und Extremabenteurer. Kap Hoorn ist keine Halbinsel, sondern die Südspitze von Isla de Hornos, der südlichsten Insel auf dem amerikanischen Kontinent. Auf 56 Grad südlicher Breite gelegen, bleibt es die ultimative Herausforderung für Seefahrer weltweit. Seine Umfahrung ist ein Ritual, eine Prüfung zum Aufstieg in den Rang der ganz Großen. Wer es geschafft hat, darf sich fortan „Kaphoornier" nennen. Zwischen dem 50. und 60. Breitengrad weht keine sanfte Brise. Die Nähe zur Antarktischen Halbinsel verstärkt die peitschenden Winde wie durch einen Trichter und erzeugt mächtige Wellen, darunter dreißig Meter hohe heimtückische Monsterwellen, die aus den Tiefen des Ozeans emporsteigen und für die das „Hoorn" berüchtigt ist. Dazu treibt der Zirkumpolarstrom die Fluten von West nach Ost. Eisberge schwimmen zu jeder Jahreszeit wie dicke Eiswürfel auf dem erbarmungslosen Cocktail, in den sich nur von Ehrgeiz getriebene waghalsige Seeleute stürzen. Allerdings wurden die Ersten, denen der Ruhm gebührte, keineswegs bejubelt. Willem Schouten und Jacob Le Maire, ein Seemann und ein Kaufmann aus Holland, griffen Anfang des 17. Jahrhunderts die Idee von Francis Drake auf: Der berühmte britische Korsar hatte vermutet, dass es alternativ zu der bis dahin genutzten Magellanstraße noch weiter südlich eine Route nach Südindien geben könnte. Ziel der von der niederländischen Stadt Hoorn finanzierten Expedition war es, die Handelsbeschränkungen zu umgehen, welche die Niederländische Ostindien-Kompanie auferlegte. Tatsächlich schafften sie es 1616 und das entdeckte Kap wurde nach der Heimat der Financiers benannt. Doch die Ostindien-Kompanie klagte vor Gericht wegen illegaler Konkurrenz und Monopolverletzung. Auf Java wurden die zwei mutigen Kapitäne festgenommen, im Schiffsladeraum angekettet und nach Hause zurückbefördert. Jacob Le Maire starb auf dieser tristen Rückfahrt. Nicht nur Wellen sind heimtückische Monster.

Rechte Seite
Die einzelnen Schichten der Erdatmosphäre.

DIE KÁRMÁN-LINIE: AN DER GRENZE ZUM WELTRAUM

Wo beginnt eigentlich das Weltall? Bis heute ist diese völkerrechtlich nie definierte Linie ein ungenauer bzw. fließender Grenzbereich.

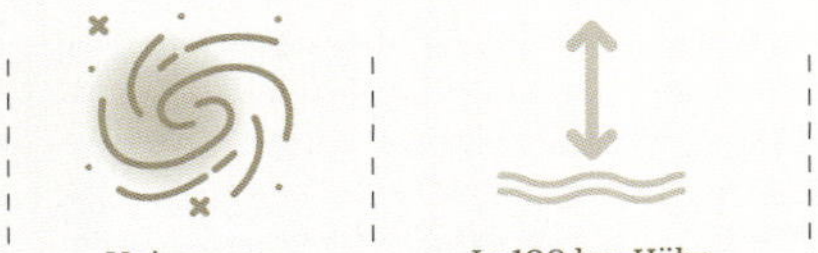

Universum

In 100 km Höhe über dem Meer

In welcher Höhe weicht der Himmel der unendlichen Weite des Weltraums? Diese bedeutsame Frage wird in der Wissenschaft, im Völkerrecht und in der Geopolitik heiß diskutiert. Dabei dreht es sich vor allem um den Auftrieb: Mit steigender Flughöhe wird die Luft immer dünner, wodurch sich der Auftrieb verringert und das Flugzeug eine immer höhere Geschwindigkeit benötigt, damit es nicht abstürzt. Kármán-Linie wird diese kritische Höhe genannt, ab der ein Flugobjekt in sogenannter Umlaufgeschwindigkeit fliegen muss, das sind ungefähr 28 500 km/h, um genügend Auftrieb zu erzeugen und seine Höhe zu halten. Benannt ist diese Linie nach dem ungarisch-amerikanischen Physiker Theodore von Kármán, der sie im 20. Jahrhundert errechnete, um die Weltraumgrenze zwischen Luftfahrt und Raumfahrt zu markieren. Kármáns ursprünglich ermittelter Wert lag bei 83,6 Kilometern Höhe, doch durch eine leichte Variation der Parameter änderte sich die Berechnung und somit auch die Höhe. Die internationale Gemeinschaft muss sich mit einer fließenden Grenze zwischen Atmosphäre und Weltall zufrieden geben. Sie wurde von der Fédération Aéronautique Internationale auf die gerundete Höhe von 100 Kilometern über dem Meeresspiegel festgelegt, auf die man sich in einem Übereinkommen einigte. Mit den 2018 veröffentlichten Erkenntnissen des US-amerikanischen Astrophysikers Jonathan McDowell, der für ein Herabsetzen der Kármán-Linie auf 80 Kilometer plädiert, gerät der fragile Konsens allerdings ins Wanken. Tatsächlich existiert noch immer keine internationale Definition des Weltraums, auf den sich der Weltraumvertrag von 1967 bezieht. Der Weltraum, heißt es darin, gehört niemandem und „die Erforschung und Nutzung (…) ist Sache der gesamten Menschheit." Offenkundig ist der Luftraum eines Landes aber alles andere als souverän, wenn ein Satellit, der das eigene Territorium überfliegt, je nach Auslegung der Weltraumgrenze als militärische Aggression eingestuft werden kann oder nicht. Zu Zeiten, da touristische Weltraumflüge in greifbare Nähe rücken und womöglich bald an der Tagesordnung sind, sucht das Weltall noch seine „internationalen Gewässer". Es steht sehr viel auf dem Spiel.

Unten
Blau schimmert der Rand der sichtbaren Erdatmosphäre vor der Dunkelheit des Weltraums, darüber ist der Mond zu sehen.

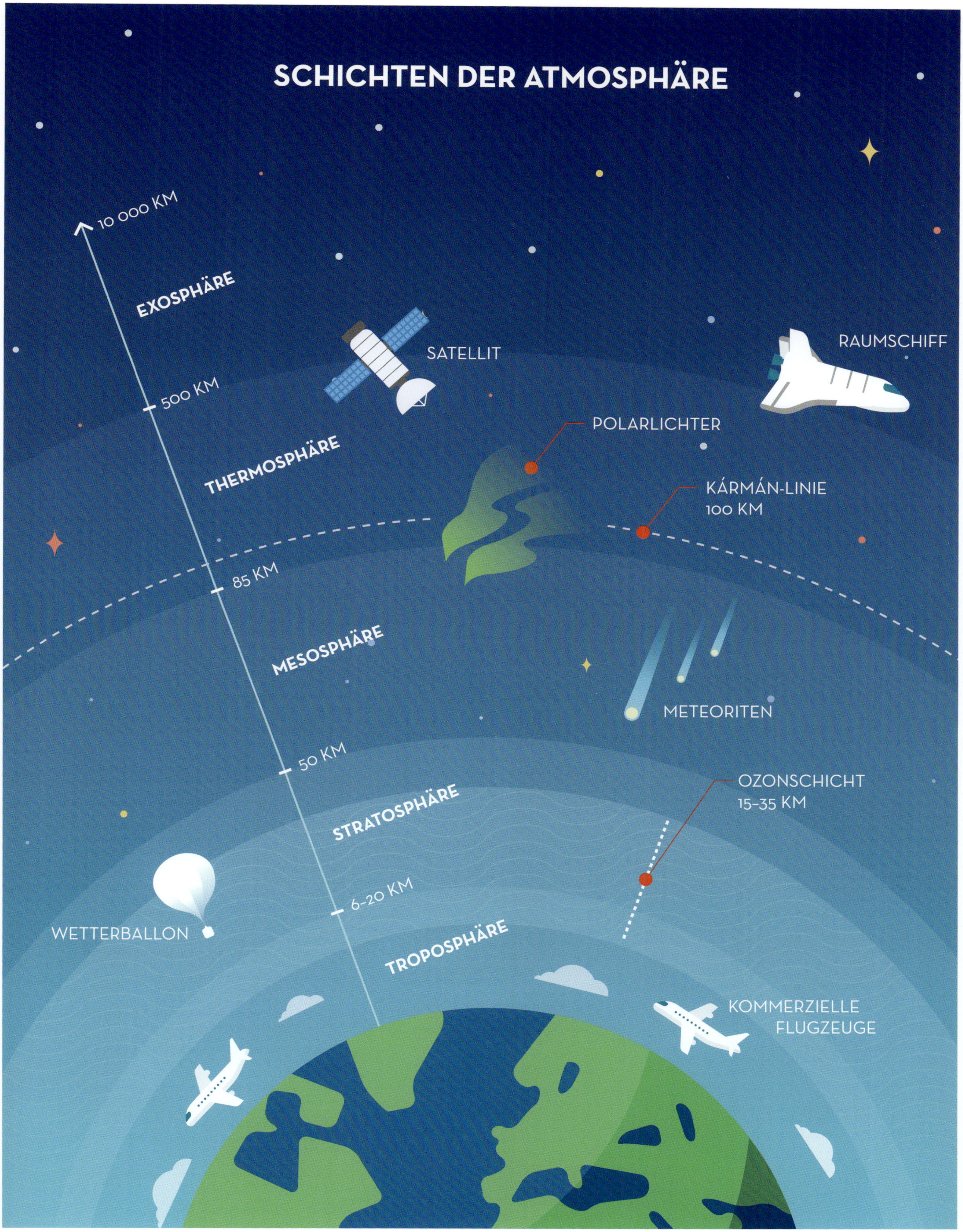
SCHICHTEN DER ATMOSPHÄRE
10 000 KM
EXOSPHÄRE
SATELLIT
RAUMSCHIFF
500 KM
POLARLICHTER
THERMOSPHÄRE
KÁRMÁN-LINIE
100 KM
85 KM
MESOSPHÄRE
METEORITEN
50 KM
OZONSCHICHT
15–35 KM
STRATOSPHÄRE
6–20 KM
WETTERBALLON
TROPOSPHÄRE
KOMMERZIELLE
FLUGZEUGE

NULL ISLAND, EIN VIEL BESUCHTER NICHT-ORT

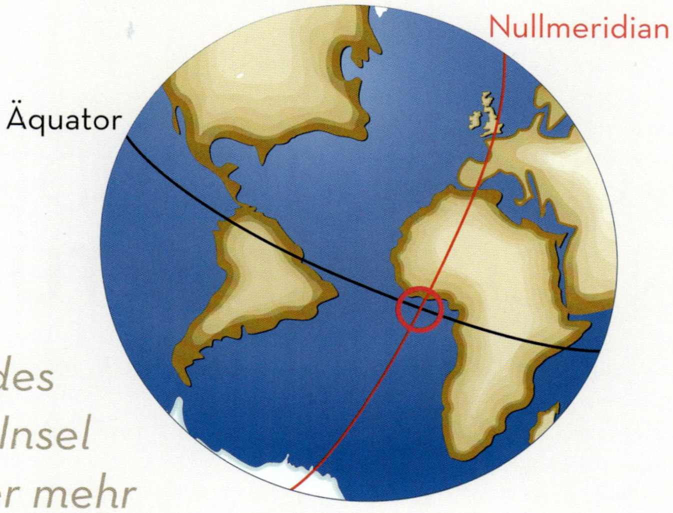

Am Schnittpunkt des Äquators und des Nullmeridians liegt Null Island, eine Insel und Republik, die nicht existiert, aber mehr Besucher verzeichnet als jede andere auf der Erde.

Am Schnittpunkt von Äquator und Nullmeridian

0°00'00.0" N
0°00'00.0" O

Dieses Eiland ist rein fiktiv. Es misst gerade mal einen Meter Seitenlänge, liegt verlassen auf Null Grad Länge und Null Grad Breite mitten im Atlantik und ist doch die geschäftigste Insel der Welt. Virtuell natürlich. Denn wer die Gegend um Null Island erkundet, rund eintausend Kilometer westlich vor der Küste Gabuns bei Libreville, wird auf keine Menschenseele treffen, mit Ausnahme von „SOUL". So nennt sich die einsame Wetterboje des Programms PIRATA (Prediction and Research Moored Array in the Tropical Atlantic), die im weiten Golf von Guinea ozeanografische Daten sammelt. Null Island, in Wirklichkeit ein nicht existierender Ort, wird in der Welt des Geocodings zu einem wahren Ameisenhaufen. Mithilfe von Geocodierungssoftwares werden postalische Adressdaten in geografische Koordinaten umgewandelt. Immer wenn sich eine Position nicht gültig zuordnen lässt, erfolgt standardmäßig der Eintrag „Null" und der Standort wird bei den Koordinaten 0°N 0°O vermerkt. Ruckzuck wurde dadurch ein einsamer Punkt auf der Erdoberfläche zum Treffpunkt sämtlicher virtuellen Irrläufer. Um dieser skurrilen Codierungspraxis zu begegnen, fügte man 2011 dem Kartendatensatz von Natural Earth offiziell die imaginäre Insel Null Island hinzu, damit fehlerhafte Geopositionen leichter aufgespürt werden können. Es dauerte nicht lange, bis sich Geocodierer der Insel annahmen und sie schrittweise in den Rang einer Republik erhoben, der sich zeitweise sogar eine Webseite detailliert widmete – eine echte Fake-Republik inklusive Vergangenheit, Institutionen, Flagge und Wirtschaft. Und sogar eine gezeichnete Landkarte gibt es, inspiriert von dem Videospielklassiker *Myst* aus den 1990er-Jahren. Sie verwandelt Null Island in eine einzigartige Mischung aus realer und virtueller Geografie, in der Codierung und Märchenwelt miteinander verschmelzen.

Linke Seite
Keine Menschenseele befindet sich auf Null Island, einzig eine Wetterboje namens SOUL.

Imaginäre Welten | Toponymie: Erforschung von Ortsnamen

VON BUXTEHUDE NACH **TIMBUKTU**

Woher haben diese fiktiven Orte „am Arsch der Welt“ ihre Namen?

Es gibt sie zuhauf, die verschlafenen Nester irgendwo „in der Pampa“ oder „jwd“ (janz weit draußen), in denen „tote Hose“ herrscht und über die man sich gerne lustig macht, weil sie noch abgelegener sind als das eigene Kuhkaff und dort nur Hinterwäldler wohnen. „Am Arsch der Welt“ regiert zudem oft Murphys Gesetz: Es geht dort alles schief, was schiefgehen kann. Unsere Sprache hat manche schwer erreichbare und unattraktive Orte mit poetischen oder eigentümlichen Namen versehen. Es sind Perlen der imaginären Geografie und werden von Nachschlagewerken vernachlässigt, weshalb sie eine nähere typologische Betrachtung verdienen. Unsere Recherche ergibt zwei Hauptkategorien: Manche Namen lassen sich auf nichts zurückführen, sondern sind reine Neuschöpfungen, die herausstellen wollen, wie klein, abgelegen und langweilig ein Ort ist. Hintertupfing(en), Kleinkleckersdorf, Krähwinkel, Pusemuckel zählen ebenso dazu wie das deutschschweizerische Hinterpfupfikon. Andere Namen wiederum gehen auf reale historische Orte zurück, die sprichwörtlich geworden sind. Beispiele dafür sind Buxtehude, wo übrigens „die Hunde mit dem Schwanz bellen“, oder auch das legendäre Timbuktu in Nordafrika. Jahrhundertelang wohnte Timbuktu der Ruf eines weit entlegenen, nahezu unerreichbaren Ortes inne, dessen tatsächliche Existenz nicht einmal belegt war. Auch im französischen Sprachgebrauch gibt es zu Redewendungen gewordene Ortsnamen, etwa Tataouine im Süden Tunesiens, in dem die französische Kolonialmacht bis 1938 eine Strafkolonie betrieb. Wer heutzutage nach Tataouine aufbrechen will („partir à Tataouine“), meint damit, dass er eine sehr weite Reise plant. Ursprünglich jedoch galt dieser Ausdruck den Soldaten, die Befehle verweigerten und die tatsächlich in die Wüste geschickt wurden, wo sie die Hölle auf Erden erwartete. Das nicht gerade verlockende Ziel inspirierte den Autor von *Star Wars* zu dem trostlosen Wüstenplaneten Tatooine, dem Luke Skywalker so schnell wie möglich den Rücken kehren wollte.

Rechts
Sechs Stunden braucht man für die Fahrt von der tunesischen Hauptstadt Tunis nach Tataouine.

تطاوين
TATAOUINE
50

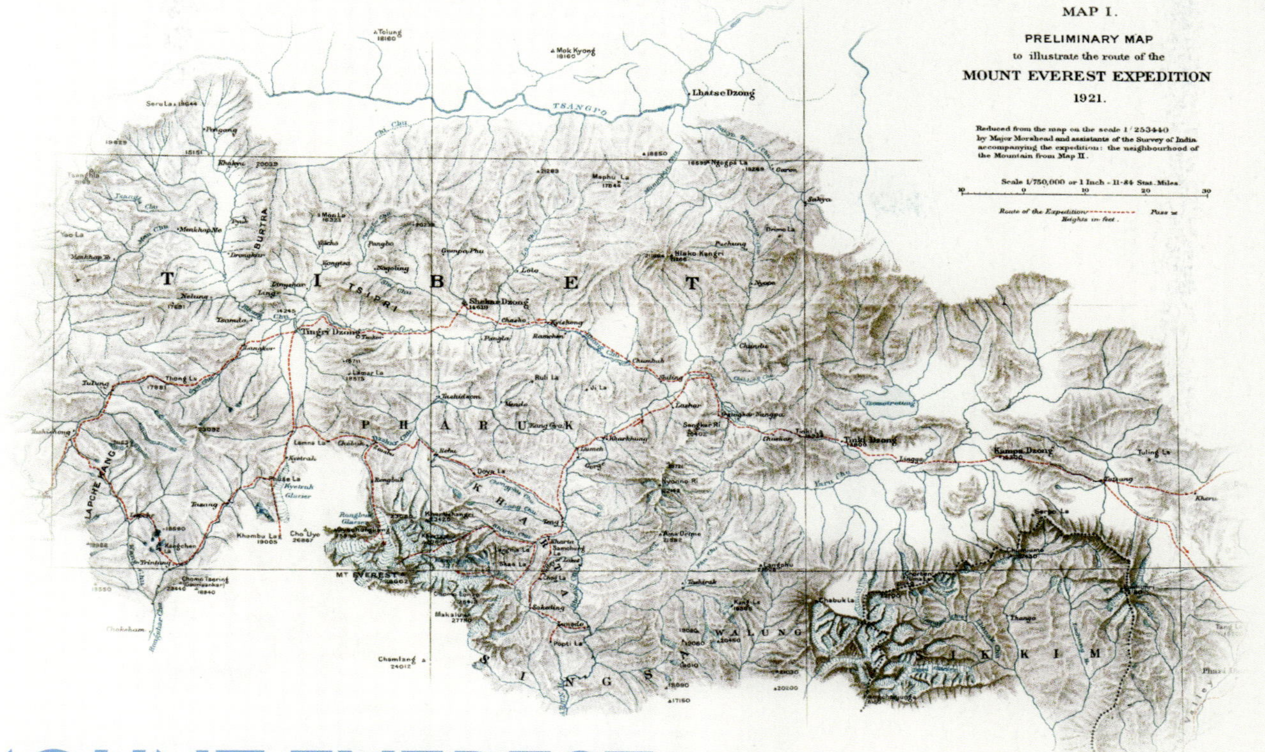

MOUNT EVEREST, BERG DER EXTREME

Wird das Dach der Welt seinem Mythos noch gerecht? Als Opfer seines Erfolgs stellt der Mount Everest bald ungeahnte Rekorde auf.

Grenze Nepal/China, Himalaja

Auf 8000 m Höhe hat ein Mensch nur noch 20 % der körperlichen und geistigen Kräfte.

Oben
Karte der ersten Erkundungsexpedition von 1921, die ein britisches Team durchführte.

Linke Seite oben
Das „Dach der Welt" zu erklimmen, ist mit schrecklichen Mühen und hohen Opferzahlen verbunden.

Linke Seite unten
Ein Drittel der Toten sind nepalesische Sherpa, die für eine lächerliche Bezahlung das Material der Bergsteiger schleppen.

Wir könnten von den Anfängen berichten. Vom englischen Vermessungsdienst *Survey of India*, der 1852 den Peak XV in 8848 Metern Höhe zum „Dach der Welt" erklärte und ihn später nach dem vormaligen Leiter der Vermessungsgesellschaft, einem gewissen Georges Everest, benannte. Wir würden gerne von den tapferen Bergpionieren erzählen. Von George Mallory, der einem Journalisten auf die Frage, warum er den Everest erklimmen wollte, einfach nur antwortete, „because it is there" (weil er da ist), bevor er 1924 auf 8600 Metern zusammen mit seinem britischen Landsmann Andrew Irvine verschollen ging. Mallorys Eispickel wurde 1933 gefunden und sein Leichnam 1999, ohne dass wir wissen, ob er den Gipfel je erreicht hatte. Wir würden lieber das Siegerduo vom 29. Mai 1953 um 11.30 Uhr vorstellen: den Nepalesen Tenzing Norgay, den Neuseeländer Edmund Hillary und ihre Freundschaft, die im Anschluss an ihre Heldentat auf eine harte Probe gestellt wurde, als eine diplomatische Kontroverse über die unnötige Frage entbrannte, wer von den beiden nun als Erster auf dem Gipfel stand. Nur leider: Die Realität auf dem Dach der Welt verleitet nicht mehr zum Schwelgen. Die Zahl der Genehmigungen steigt, das Zeitfenster, in dem das Wetter einen Aufstieg erlaubt, wird immer knapper und alle wagen quasi gleichzeitig den Gipfelvorstoß. Der Everest ist auf dem besten Weg, zum höchsten Friedhof und zur höchstgelegenen Müllhalde der Welt zu werden. Zwar sorgt die nepalesische Regierung mit Kautionen und Strafmaßnahmen dafür, dass Expeditionen ihre eigenen und sogar noch fremde Abfälle zurückbringen, doch die Schneeschmelze legt jedes Jahr Unmengen an Müll frei. Dazu staut es sich in der sogenannten Todeszone, die rasch zur fatalen Falle wird. Jenseits von 8000 Metern steigt die Gefahr um ein Vielfaches, durch Überanstrengung oder Schwäche zu erfrieren oder zu ersticken. Alleine im Mai 2019 kamen dort elf Personen ums Leben. Oft bleiben die Leichname einfach liegen – makabre Wegweiser am Pfad zum Gipfel der Götter.

PARALLELWELT IN DER HÖHLE

HANG SON DOONG

Die größte unterirdische Höhle der Welt ist so gewaltig, dass sich darin ein eigenes Ökosystem entwickeln konnte – eine komplett andere Lebenswelt tief unter der Erde.

Provinz Quang Bình (Vietnam)

Ein einzigartiges Ökosystem

Für den Besuch dieses einzigartigen Lebensraums sind ein sechsstündiger Fußmarsch durch den Dschungel und das anschließende Abseilen in achtzig Meter Tiefe erforderlich. Das unterirdische Reich ist so schwer zugänglich, dass es eigentlich für die Ewigkeit geschützt sein sollte. Hang Son Doong, wörtlich die „Bergflusshöhle", liegt nahe der Grenze zu Laos inmitten des Nationalparks Phong Nha-Ke Bang im Truong-Son-Gebirge. Der einheimische Pflücker Ho Khanh hatte 1991 den Höhleneingang entdeckt, doch erst 18 Jahre später fand er den überwucherten Zugang wieder und konnte ein britisches Forscherteam dort hinführen. Sie stießen auf einen Ort der Superlative! Die Deer Cave in Malaysia musste den Status als größte Höhle der Welt an Hang Son Doong abtreten. In der neun Kilometer langen Höhle mit ihren bis zu zweihundert Meter hohen Räumen würde ein kompletter Stadtteil von New York mit vierzigstöckigen Wolkenkratzern Platz finden. Die Stalaktiten und Stalagmiten sind überdimensional, die Höhlenperlen tennisballgroß. Es gibt einen eigenen Dschungel, eine endemische Fauna und einen unterirdischen Fluss, von dem die Höhle vor zwei bis fünf Millionen Jahren ausgewaschen wurde. Seit 2013 ist sie für Touristen zugänglich, doch die Besucherzahlen sind begrenzt und entsprechend teuer die Führungen des einzigen Touranbieters. Davon sollen vor allem Einheimische profitieren, damit nicht die gleichen Fehler gemacht werden wie bei der Halong-Bucht oder anderen völlig überlaufenen Sehenswürdigkeiten in Vietnam. Die Idee des Ökotourismus ist jedoch eine fragile Angelegenheit. Ein Seilbahnprojekt konnte verhindert werden, aber weitere Vorhaben hätten „irreversible Auswirkungen auf die weitgehend unberührte Umwelt dieser Naturstätte", warnte die UNESCO kürzlich. Es bleibt zu hoffen, dass durch die Höhle, in der theoretisch zwei Boeing 747 parken könnten, nicht eines Tages die Anzahl deren Passagiere stapft.

Rechte Seite oben
Der Höhleneingang ist von üppiger Vegetation bedeckt. Vorsicht, Rutschgefahr!

Rechte Seite unten
Ein eigenes Ökosystem hat sich in der Höhle entwickelt.

Oben
Die Dimensionen der Höhle sind gigantisch. Hier würden zwei Boeing 747 hineinpassen.

Links
Höhlenperlen werden die kugelförmigen Kalkablagerungen genannt, die sich durch stetige Tropfen um Sandkörner bilden.

Linke Seite
Etwa acht Kilometer lang ist der unterirdische Fluss, auf dem die Speläologen die Tiefen der Son-Doong-Höhle erkunden.

TRIDRANGAR, EIN WEITERER **LEUCHTTURM AM ENDE DER WELT**

Er thront auf einer Felsnadel im offenen Meer und könnte „der Leuchtturm am Ende der Welt" von Jules Verne sein, wenn diesen Titel nicht bereits zwei identische Leuchttürme für sich beanspruchen würden.

Island

Der abgelegenste Leuchtturm der Welt

Oben
Der Leuchtturm Tridrangar kurz nach seiner Erbauung.

Linke Seite
Wer an Misanthropie leidet, für den oder die ist Tridrangar ein idealer Zufluchtsort.

Der Leuchtturm Tridrangar, wörtlich „drei Steinsäulen", ist heute ausschließlich per Hubschrauber erreichbar. Allerdings nur von erfahrenen Piloten und wenn es die Wetterbedingungen mitten im Nordatlantik, 15 Kilometer vor den westlichsten Inseln Islands, auch zulassen. Bei seinem Bau, wenige Monate vor Ausbruch des Zweiten Weltkriegs, steckten diese Fluggeräte noch in den Anfängen. Daher erklomm ein isländisches Bergsteigerteam, der Brandung trotzend, mit Eispickeln die senkrechte Felswand, um in 35 Metern Höhe das Gebäude zu errichten. Der 1942 fertiggestellte Leuchtturm wird heute nur noch für Wartungsarbeiten aufgesucht, zum großen Bedauern von Misanthropen, denen ein Posten als Leuchtturmwärter hier gefallen würde. Hier gibt es null Sozialleben. Ein idealer Ort, um die „Zombie-Apokalypse" zu überstehen, so scherzt man in den sozialen Netzwerken. Der Popstar Justin Bieber und andere teilen atemberaubende Fotos und es kursieren viele Witze und Sprüche über den perfekten Rückzugsort. Trotz der isolierten Lage ist Tridrangar aber nicht „der Leuchtturm am Ende der Welt", der Jules Verne zu seinem gleichnamigen, posthum 1905 erschienenen ersten Roman inspirierte. Dieser existiert nämlich tatsächlich, er trägt bereits diesen Beinamen und auch seine Geschichte ist romanreif. Nachdem der 1884 am äußersten Zipfel des argentinischen Patagoniens errichtete Leuchtturm San Juan del Salvamento Anfang des 20. Jahrhunderts aufgegeben und den Elementen überlassen wurde, entdeckte André „Yul" Bronner, ein französischer Abenteurer aus La Rochelle, 1994 die Ruinen und rief ein französisch-argentinisches Wiederaufbauprogramm ins Leben. Doch nicht nur das. Vier Jahre nach der Entdeckung in Feuerland errichtete der Franzose, Spitzname Yul Verne, vor dem Jachthafen Port des Minimes in La Rochelle auf Stelzen im Meer eine identische Nachbildung des Leuchtturms, etwa 13 000 Kilometer vom Original entfernt. Am 1. Januar 2000 wurde er eingeweiht – ein wegweisendes Leuchtfeuer für das neue Jahrtausend?

Universum

Beobachtbar sind 45 Milliarden Lichtjahre.

Rechts
Das Sonnensystem liegt im Zentrum, der Urknall bildet den Rand: eine logarithmische Darstellung des beobachtbaren Universums.

DER RAND DES **BEOBACHTBAREN UNIVERSUMS**

Der kosmische Horizont bildet den äußersten Rand des beobachtbaren Universums. Kein Signal jenseits dieser „Beobachtungsblase“ wird uns je erreichen.

Wie weit sehen wir im Universum? So wie die Krümmung der Erdoberfläche den irdischen Horizont limitiert, ist auch der kosmische Horizont beschränkt, dies jedoch aufgrund der begrenzten Geschwindigkeit des Lichts und der Ausdehnung des Weltalls. Wie groß das Weltall ist, wissen wir nicht, außer dass es riesig ist – sehr riesig. Denn wir können sehr weit „sehen“ oder zumindest verschiedenartige Signale empfangen: elektromagnetische Strahlungen, Neutrinos, Gravitationswellen … Unser Blick reicht sogar so weit, dass wir unsere Ursprünge beobachten und deren Entfernung zu uns messen können. Stellen wir eine einfache Berechnung auf: Kein Lichtteilchen kann länger unterwegs sein, als das ehrwürdige Universum alt ist. Dessen Alter wird auf 13,8 Milliarden Jahre geschätzt. Wenn uns demnach Lichtteilchen erreichen, die diese gesamte Zeit unterwegs waren, stammen sie zwangsläufig von den der Erde am weitesten entfernten Regionen. Man könnte daraus schließen, dass das beobachtbare Universum 13,8 Milliarden Lichtjahre groß ist. So einfach ist es aber nicht. Denn während sich die Lichtteilchen von ihrem Emmisionsort auf die Erde zubewegen, dehnt sich das Universum fortwährend aus. Tatsächlich beziffern aktuelle kosmologische Modelle die Ränder des beobachtbaren Universums auf 45 Milliarden Lichtjahre, was einer Kugel um die Erde mit einem Radius von 430 000 Trillionen Kilometern entspricht. Dieser Beobachtungsraum ist gewaltig, sagt aber nichts über die Größe des gesamten Universums aus, sondern gibt lediglich Auskunft über die Existenz einer hypothetischen Grenze. Ist das Universum nun endlich oder unendlich? Kurz gesagt: Die Wissenschaft weiß es nicht! Sicher ist nur, dass es weit über das Beobachtbare hinausgeht. Selbst wenn wir seit der Zeit, als das beobachtbare Universum auf das bloße menschliche Auge beschränkt war, immer mehr dazugelernt haben: Die Chance, dass wir eines Tages den kosmischen Horizont überwinden können, ist äußerst gering.

Links
Die Milchstraße. „Die ewige Stille dieser unendlichen Räume erschreckt mich“, philosophierte der französische Mathematiker Blaise Pascal.

ERSTAUNLICHE GRENZEN

Eine Grenze markiert das Ende einer Welt – politisch, kulturell, ökonomisch ... Ab dem 18. Jahrhundert zogen moderne Nationen ihre schnurgeraden Grenzlinien und steckten sie rigoros ab. Die Grenzen alter Kaiserreiche um unruhige Territorien und entlang sich verschiebender Ränder sind noch nicht verschwunden. Aus historischen Narben und geografischen Besonderheiten gingen erstaunliche Grenzverläufe hervor, die grandiose Naturräume oder eine skurrile, chaotische Verwaltung zur Folge haben. Je nach Beschaffenheit können solche verrückten Grenzen die Völker trennen, sie zerreißen oder sie zu einen versuchen.

DIE HÖLLISCHE KEHRSEITE VON **IGUAZÚ**

Zwei Seiten einer Medaille: Die an drei Länder grenzenden Iguazú-Wasserfälle zählen zu den schönsten Wasserfällen der Erde. Doch das Grenzgebiet ist zugleich eine der schlimmsten Drehscheiben organisierter Kriminalität.

Zwischen Brasilien, Argentinien und Paraguay

Am Schnittpunkt dreier Landesgrenzen

Linke Seite oben
Luftaufnahme von dem Dreiländereck an der Mündung des Rio Iguazú in den Río Paraná.

Linke Seite unten
Die internationale Freundschaftsbrücke zwischen Foz do Iguaçu (Brasilien) und Ciudad del Este (Paraguay).

Nächste Doppelseite
Die Iguazú-Wasserfälle zählen zu den schönsten der Welt. Abermillionen Liter Wasser pro Sekunde stürzen ins Tal.

Es ist eine Postkartenidylle auf der Grenze zwischen Brasilien, Argentinien und Paraguay, optisch und akustisch einzigartig und von der UNESCO als Weltnaturerbe ausgezeichnet. Majestätisch fällt der Fluss mit dem passenden Namen Iguazú, „großes Wasser" in der Sprache der Tupi, auf etwa drei Kilometern Breite über eine Vielzahl von Kaskaden bis zu achtzig Meter in die Tiefe. Rund 250 Wasserfälle zählt man bei mittlerer Wassermenge mit sechs Millionen Litern Wasser pro Sekunde. Fast ebenso viele Besucherinnen und Besucher reiben sich dort jedes Jahr die Augen. Doch unweit dieses Naturschauspiels befindet sich zugleich eine der explosivsten Grauzonen unseres Planeten. Für die USA gilt das Dreiländereck als Feind Nummer eins, was Schmuggel, Waffen- und Drogenhandel, Produktfälschung und Finanzierung des internationalen Terrorismus anbelangt. Das lukrative Geschäft soll Jahresgewinne von fast fünf Milliarden Dollar abwerfen. Verantwortlich sind die durchlässigen und korrupten Grenzstädte mit Bevölkerungsgruppen aus aller Welt, vor allem aus dem Libanon, China und Korea, was Mafiosi, Kartelle und terroristische Banden anlockt. Dazu kommt das starke Zollgefälle zwischen Brasilien und den Freihandelszonen Paraguays, die mit Waren „made in Asia" überschwemmt werden. Tagtäglich überqueren bis zu fünfzigtausend *Sacoleiros,* wie die Händler mit ihren großen Taschen (*sacos* auf Portugiesisch) genannt werden, die Freundschaftsbrücke zwischen Ciudad del Este in Paraguay und Brasilien. Um das Bild der Hölle zu vervollständigen, bietet der Hafen der argentinischen Nachbarstadt Puerto Iguazú Drogendealern einen direkten Weg über den Fluss zum Meer. Bislang vergeblich versuchen die Behörden dieser drei Länder, von kleinen Erfolgen abgesehen, mit amerikanischer Hilfe die Kriminalität einzudämmen. So ist das vermeintlich idyllische Iguazú ein Paradebeispiel dafür, wie es im Zeitalter der Globalisierung um die Sicherheit in solchen Grenzgebieten bestellt ist.

Zwischen Guyana, Brasilien und Venezuela

Inspiration für „Die vergessene Welt“

RORAIMA, *DIE VERGESSENE WELT*

Auf der Grenze dreier Länder thront der Roraima, der König der Tafelberge, der dem Film Jurassic Park entfernt als Inspiration diente.

Sein Beiname ist „schwimmende Insel“, da sein Gipfel oft in einem Wolkenmeer zu baden scheint. Der 2810 Meter hohe Roraima markiert die Grenze zwischen den tropischen guyanisch-brasilianischen Regenwäldern und der Gran Sabana, der großen venezolanischen Savanne. Tepuis, „Heimat der Götter“, nennt das indigene Volk der Pemón die etwa einhundert in dieser Region Südamerikas typischen Tafelberge. Sie sind die Heimat der „Mawari“, der Seelen ihrer Ahnen. Die einzigartigen steilklippigen Sandsteinformationen, von denen der Roraima-Tepui der höchste ist, wurden über viele Jahrhunderte von Erosion und Tektonik geschaffen. Raues Klima herrscht auf dem Gipfelplateau, einem Felsenlabyrinth mit Schluchten und Grotten, dessen isolierte Lage eine noch weitgehend unbekannte endemische Pflanzen- und Tierwelt gedeihen lässt. Über ein Drittel der Flora auf dem Roraima ebenso wie einige Frosch-, Reptilien- und Säugetierarten existieren nirgendwo sonst auf der Erde. Nach dem Willen der indigenen Pemones würde der Roraima bis ans Ende aller Tage unberührt bleiben. Die *Royal Geographical Society* war jedoch anderer Ansicht, als sie 1884 die erste Expedition zum Gipfel finanzierte. Die Vorträge, welche die Erstbesteiger Everard Im Thurn und Harry Perkins nach ihrer Rückkehr hielten, inspirierten Conan Doyle zu *Die vergessene Welt* (Originaltitel *The Lost World),* neben den Abenteuern des Sherlock Holmes einem seiner berühmtesten Werke. 1912 erschienen, erzählt der Roman von Professor Challenger, der auf einem isolierten Hochplateau in Amazonien ausgestorbene Arten entdeckt, darunter Dinosaurier. Klingelt es da bei Ihnen? Nun ja, Steven Spielberg hat nie verheimlicht, Conan Doyles Roman mit dem Appetit eines Velociraptors verschlungen zu haben.

Links
Der Tafelberg Roraima ragt aus den Wolken empor.

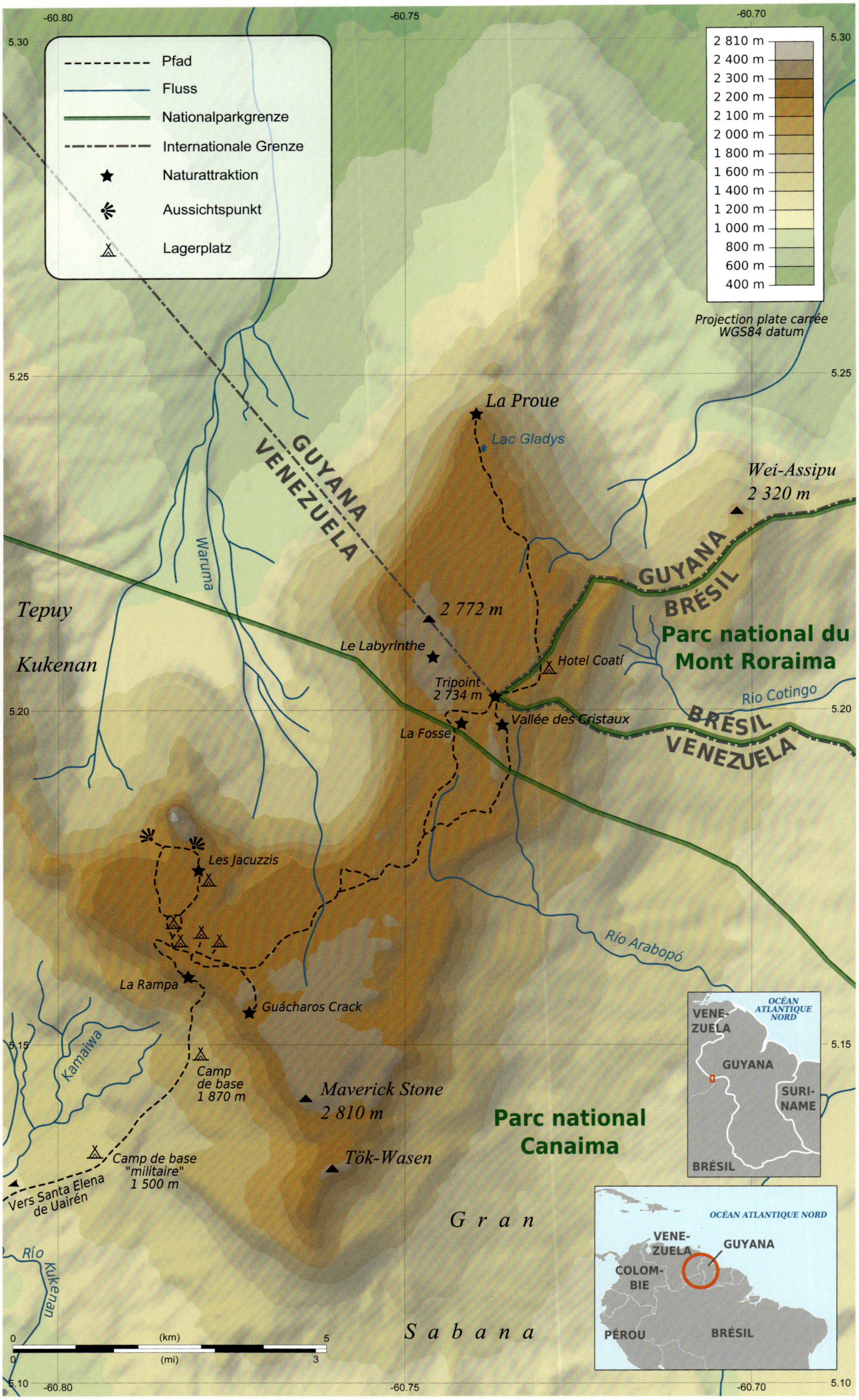
Pfad
Fluss
Nationalparkgrenze
Internationale Grenze
Naturattraktion
Aussichtspunkt
Lagerplatz
2 810 m
2 400 m
2 300 m
2 200 m
2 100 m
2 000 m
1 800 m
1 600 m
1 400 m
1 200 m
1 000 m
800 m
600 m
400 m
Projection plate carrée
WGS84 datum
La Proue
Lac Gladys
Wei-Assipu
2 320 m
GUYANA
VENEZUELA
GUYANA
BRÉSIL
Parc national du
Mont Roraima
Waruma
Tepuy
Kukenan
2 772 m
Le Labyrinthe
Hotel Coatí
Tripoint
2 734 m
Rio Cotingo
Vallée des Cristaux
La Fosse
BRÉSIL
VENEZUELA
Les Jacuzzis
Río Arabopó
La Rampa
Guácharos Crack
Kamaiwa
Camp
de base
1 870 m
Maverick Stone
2 810 m
Parc national
Canaima
Tök-Wasen
Camp de base
"militaire"
1 500 m
Vers Santa Elena
de Uairén
Gran
Sabana
Río
Kukenan
(km)
(mi)
VENE-
ZUELA
OCÉAN
ATLANTIQUE
NORD
GUYANA
SURI-
NAME
BRÉSIL
OCÉAN ATLANTIQUE NORD
VENE-
ZUELA
GUYANA
COLOM-
BIE
PÉROU
BRÉSIL

Oben
Der Salto Ángel (Gesamthöhe 979 Meter, größte Einzelstufe 807 Meter) ist der höchste Wasserfall der Welt. Er stürzt vom Auyan-Tepui hinab, der zu den bekanntesten venezolanischen Tafelbergen zählt.

Links

Miniaturmodell eines Dinosauriers. Eine von fünfzig Dino-Nachbildungen in Die verlorene Welt, *der ersten Filmadaption des Romans* Die vergessene Welt (The Lost World) *von 1925.*

ZWISCHEN GESTERN UND HEUTE: **DIE DIOMEDES-INSELN**

Sie liegen eisig und einsam in gegenseitiger Sichtweite. An keinem anderen Ort der Erde kann man gestern und heute gleichzeitig „sehen".

Fast genau in der Mitte der Beringstraße halten zwei eisige kahle Steilklippen den starken Meeresströmungen stand: Die größere der beiden Diomedes-Inseln, in der Sprache der Ureinwohner *Imaqliq* genannt, misst 29 Quadratkilometer, die kleinere *(Inaliq)* 7,5 Quadratkilometer. Sie sind Überbleibsel von Beringia, der Landbrücke, die in der letzten Eiszeit Asien und Amerika noch miteinander verband und über die *Homo sapiens* auf seiner Wanderung zum Ende der Welt gezogen war. Knapp vier Kilometer bzw. zehn Minuten Bootsfahrt trennen die beiden Inseln. Seit dem Kalten Krieg beobachten sich hier, Auge in Auge, zwei Supermächte. Noch dazu ist zu beiden Seiten dieses „Eisvorhangs" ein ande-

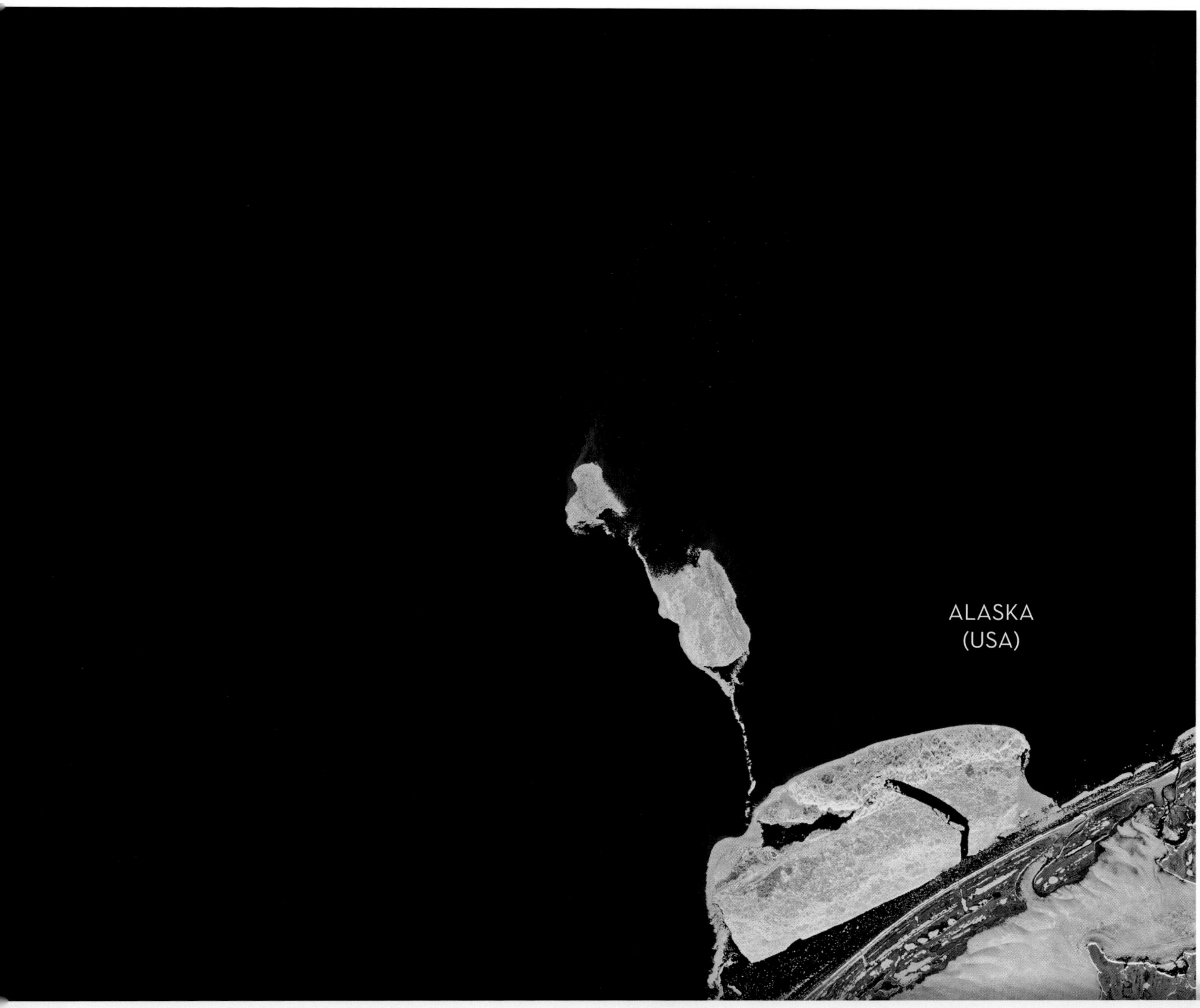

Zwischen Russland und USA

3,8 Kilometer zwischen gestern und heute

Oben
Satellitenbild der beiden Diomedes-Inseln zwischen USA und Russland.

Links kleines Bild
Inuit legen mit ihrem Boot von der Kleinen Diomedes-Insel ab. Fotografie von 1928.

rer Kalendertag. Die Datumsgrenze verläuft genau in der Mitte zwischen den beiden Inseln. Ist auf der Kleinen Diomedes-Insel, dem äußersten Punkt des amerikanischen Alaskas, Freitag, hat die Große Diomedes am äußersten Punkt des russischen Ostsibiriens schon das Wochenende eingeläutet. Viel los ist dort an einem Samstagabend aber nicht. Stalin machte die Große Diomedes zur Militärbasis und vertrieb ab den 1930er-Jahren für immer alle Inuit, die Nachfahren der ersten Siedler. So wurden ganze Familien ohne Chance auf ein Widersehen an diesem geopolitischen Brennpunkt auseinandergerissen. Auf der Kleinen Diomedes leben etwas mehr als einhundert Inuit vom Jagen, vom Fischfang und von vielen Subventionen. Die Menschen wohnen in Häusern auf Stelzen. Hubschrauber versorgen sie einmal pro Woche, sofern es das Wetter zulässt, und gelegentlich werden sie zur Zielscheibe russischer Schützen, wenn sie ihren Nachbarn zu nahe kommen. Besuche sind die Ausnahme, nur selten legt ein Kreuzfahrtschiff an. Dann keimt Hoffnung auf: Könnten traditionelle Tätigkeiten wie Schnitzereien aus Walross-Elfenbein einen Nischentourismus beleben? Noch ist der Startschuss dafür auf der „Gestern-Insel", wie man sie auch nennt, nicht gefallen.

INTERNATIONAL

GRENZE ZWISCHEN USA UND KANADA: **EINE SCHNEISE**

Die längste und am wenigsten verteidigte Staatsgrenze der Welt ist auch die gepflegteste. Seit 1925 permanent abgeholzt, markiert eine Schneise über Berg und Tal den US-kanadischen Grenzverlauf.

Zwischen USA und Kanada

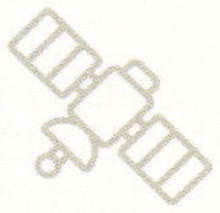

Die Grenze ist aus dem Weltraum sichtbar.

Linke Seite oben
Die Abholzung wird exakt vermessen.

Linke Seite unten
Einer von etwa 8000 Grenzsteinen auf dem abgeholzten Landstreifen.

Unten
Die rot markierte Grenze verläuft in den Bereichen an Land parallel zum 49. Breitengrad. Karte von 1850.

Weitestgehend schnurgerade verläuft die Grenze, was allerdings nicht über ihre weitaus turbulentere Geschichte hinwegtäuschen sollte. Um ein Haar wäre der Konflikt zwischen der noch jungen Republik der Vereinigten Staaten und den Loyalisten der englischen Kolonien Nordamerikas, dem künftigen Kanada ab 1867, eskaliert. Kriegerische Parolen wie „Fifty-four Forty or Fight!“ (dt. etwa „54° 40’ oder Kampf“), heizten den Streit der heute verbündeten Nachbarstaaten um das seinerzeit sehr wilde Oregon an, bis man 1846 den Zankapfel per Vertrag in zwei Hälften teilte: Der 49. Breitengrad wurde als Grenze festgelegt, anstelle einer Verschiebung bis zum 54. Breitengrad des damals russischen Alaskas. Zwischen den Jahren 1783 und 1925 waren zur Festlegung insgesamt mehr als ein Dutzend Verträge, Konventionen und weiterer Schlichtungsverfahren notwendig. Heute ist die friedliche Grenze genau 8891 Kilometer lang und durch ca. 8000 Meilensteine und Referenzpunkte zu Land und zu Wasser markiert. Die 1908 eingerichtete International Boundary Commission („internationale Grenzkommission“) kümmert sich um die methodische Instandhaltung eines sechs Meter breiten Korridors, der über jedwedes Gelände führt, und sorgt für einen physisch eindeutigen Grenzverlauf zwischen den beiden Staaten, um lokalen Streitereien vorzubeugen. Die Schneise führt, wie die Grenzkommission stolz auf ihrer Webseite beschreibt, „quer durch Waldgebiete, Feuchtzonen und Hochebenen in einem der unwegsamsten Gelände Nordamerikas.“ Die messerscharf gezogene Grenze ist sogar vom Weltraum aus sichtbar. Eine Besonderheit sind die Nachbarorte Derby Line im US-Bundesstaat Vermont und Stanstead im kanadischen Quebec, wo die Grenze unmittelbar durch ein Gebäude führt. Ihren Verlauf markiert eine schwarze Linie auf dem Parkett im Haskell Free Library and Opera House, einer öffentlichen Bibliothek mit Opernhaus, die 1901 an dieser Stelle als Symbol der internationalen Harmonie errichtet wurde – eine grenzüberschreitende binationale Kulturstätte, die weltweit einmalig ist.

Oben
Zwei Ortschaften, das US-amerikanische Derby Line und das kanadische Stanstead, teilen sich ein Kulturzentrum. Die Staatsgrenze verläuft quer durch den Opernsaal (die Bühne liegt in Kanada) …

Rechts
… und durch den Lesesaal der Bibliothek.

Rechte Seite
Haskell Free Library and Opera House: Die Markierungssteine verweisen auf den Verlauf der Grenze.

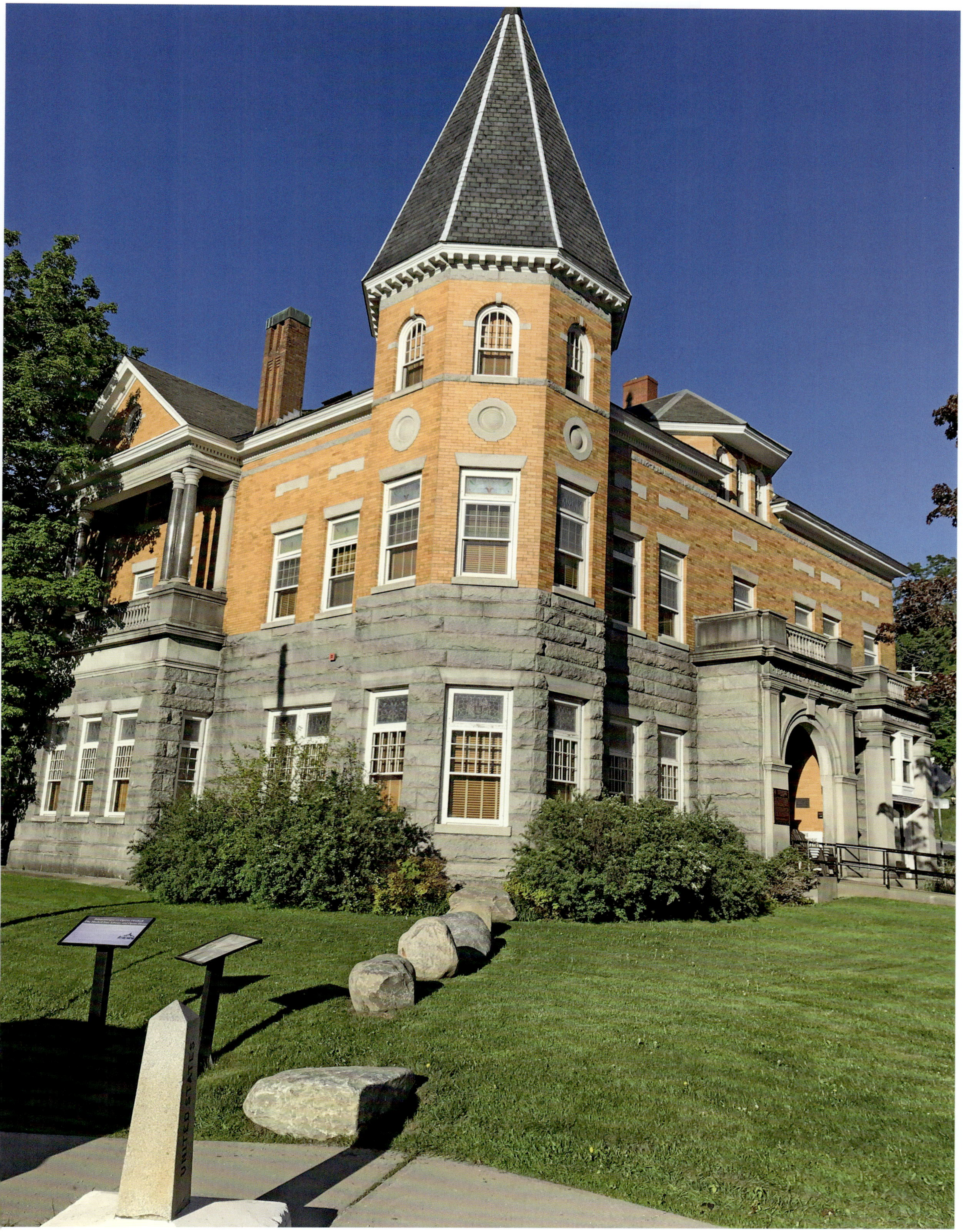
UNITED STATES

DER SAMBESI, BEINAHE EIN VIERLÄNDER-ECK

Dreiländerecken gibt es zuhauf, aber nur ein einziges Vierländereck: an der Spitze des Caprivi-Streifens. Die Kolonialmächte hatten diesen Landkorridor einst aus Torheit ausgehandelt.

Zwischen Sambia, Simbabwe, Botsuana und Namibia

Victoriafälle: 1,7 Kilometer breit

Oben
Am östlichen Rand des Caprivi-Streifens stoßen vier Staatsgrenzen aufeinander.

Linke Seite
Für die Schifffahrt ist es unmöglich, die gewaltigen Victoriafälle zu überwinden.

Als Dreiländereck oder Vierländereck wird ein geografischer Punkt bezeichnet, an dem die Grenzen von drei bzw. vier Ländern aufeinandertreffen. Das internationale Dreiländereck ist häufig – insgesamt 159 zählt man weltweit. Doch nur ein kleiner Abschnitt des Flusses Sambesi in Afrika darf sich mit dem Titel Vierländereck schmücken. Genaugenommen ist es auch nur ein Beinahe-Vierländereck. Tatsächlich stoßen dort die Grenzen von Sambia, Simbabwe, Botsuana und Namibia nicht genau am selben Punkt aufeinander, sondern kommen sich lediglich bis auf 150 Meter nahe. Ein echtes Vierländereck braucht eine spezielle Grenzgeometrie. Der Sambesi bildet den Abschluss des Caprivi-Streifens, der auch Caprivi-Zipfel genannt wird. Der gut 30 Kilometer breite und 450 Kilometer lange Korridor, der von Namibia ostwärts ragt, wurde nach dem deutschen Reichskanzler Leo von Caprivi benannt. Er schloss 1890 mit den Engländern den Helgoland-Sansibar-Vertrag, der ihm die Einrichtung jenes Landstreifens gestattete und somit den Zugang zum Sambesi sicherte. Caprivis Idee war es, über den großen Strom eine Handelsverbindung zwischen den beiden deutschen Kolonien, Deutsch-Südwestafrika und Deutsch-Ostafrika, herzustellen. Doch es gab einen Haken an der Sache, der den Engländern wohl kaum entgangen sein durfte: Etwa siebzig Kilometer vom neuen deutschen Zugang zum Sambesi entfernt, stürzt der Fluss bei den Victoriafällen in die Tiefe. Die weltberühmten Wasserfälle machen den Flussabschnitt für die Schifffahrt völlig untauglich. Eine historische Anekdote, die zum Lachen wäre, würden die Region und ihre Bevölkerung nicht bis heute unter dieser Torheit leiden. Der überwiegend sumpfige, von sechs Flüssen durchzogene Landstreifen ist ein wahres Pflanzen- und Tierparadies, in dem der Ökotourismus floriert. Doch bis Ende der 1990er-Jahre nahmen die bewaffneten Konflikte enorm zu, die auf Namibias lange südafrikanische Besatzung und auf den Kampf des Landes um seine Unabhängigkeit zurückzuführen sind. Um das koloniale Erbe auszuradieren, benannte man den Caprivi-Zipfel im Jahr 2013 in „Sambesi-Region" um. Doch die kerzengeraden, im 19. Jahrhundert willkürlich gezogenen Grenzen schüren weiterhin Spannungen zwischen den vier Nachbarländern und machen dieses Beinahe-Vierländereck zu einem gefährlichen Hotspot auf dem Planeten.

ZUR FALSCHEN GRENZSEITE: DAS LEUCHTFEUER VON MÄRKET

Ein Jahrhundert lang sendete ein Leuchtfeuer Signale von der Ostseeinsel Märket, bis man bemerkte, dass es nicht im richtigen Land stand.

Bis Ende des 18. Jahrhunderts gab es dieses Eiland nicht. Niemand weiß, wann es sich genau im Zuge der postglazialen Landhebung, eines Phänomens aus der letzten Eiszeit, aus dem Meer erhob. Doch kaum war dieser kleine, nur etwa 400 auf 150 Meter große Felsen in der Ostsee aufgetaucht, machte er Probleme. Flach, isoliert und von weiteren Inselchen und Riffs umgeben, liefen ab Anfang des 19. Jahrhunderts dort viele Schiffe auf Grund. So bot sich Märket als Standort für ein Leuchtfeuer an. Zu jener Zeit, 1809, trat die schwedische Krone die Oberherrschaft über das Großfürstentum Finnland ans Russische Reich ab. Und plötzlich schnitt eine heiß diskutierte und exakt vermessene Grenze Märket in zwei

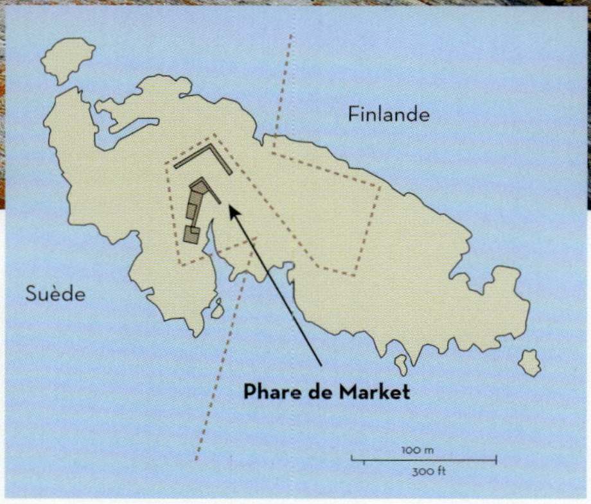

Oben

Es fällt kaum auf, doch tatsächlich wurde das Leuchtfeuer an der höchsten Stelle der Insel Märket errichtet.

Zwischen Schweden und Finnland

Auf einer Insel, die erst vor nicht allzu langer Zeit auftauchte.

Hälften. Erst 1885 machten sich die Russen unter geradezu dantesken Bedingungen an den Bau eines Leuchtturms am höchsten Punkt der Insel, kaum zwei Meter über dem Meeresspiegel. Ein Jahrhundert lang ging alles gut. Mit der Unabhängigkeit Finnlands 1917 von Russland im Fahrwasser der Oktoberrevolution wurden die russischen Leuchtturmwärter durch finnische ersetzt und 1976 der Betrieb automatisiert. Doch dann kam der Paukenschlag, als 1981 die topografischen Daten neu erhoben wurden: Der Leuchtturm stand versehentlich auf der schwedischen Seite der Insel. Was nun? Abreißen oder neu verorten? Um das altehrwürdige Bauwerk zu retten, zog man die Grenze im Zickzack neu. Schweden und Finnland einigten sich 1985 auf den Austausch von Land ohne Veränderung der Fischfangzonen. Schweden trat eine Fläche vom Umfang des Leuchtturms an die finnischen Nachbarn ab und erhielt im Gegenzug ein dieser Fläche entsprechendes anderes Inselstück. Märket ist übrigens nicht die kleinste Insel, durch die eine Staatsgrenze führt. Diese Auszeichnung gebührt der benachbarten russisch-finnischen Ostseeinsel Koiluoto, die nur wenige Quadratmeter kleiner ist.

Oben
Zeichnung des Leuchtfeuers aus der Zeit seiner Errichtung. Finnisches Nationalarchiv.

Oben
Horizont und Logbuch: der Alltag eines Leuchtturmwärters.

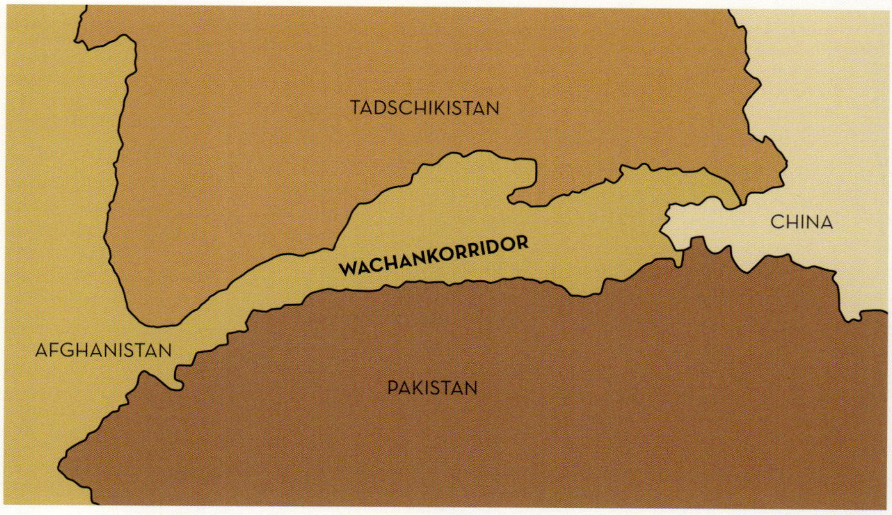

DER WACHANKORRIDOR, EIN TAL AUSSERHALB DER ZEIT

Es geht um einen einzigartigen Landstrich in Afghanistan. Von drei weiteren Staaten eingegrenzt, liegt der Wachankorridor so isoliert, dass er von den Kriegswirren verschont bleibt. Aber wie lange noch?

Afghanistan

Ein 300 Kilometer langer Landkorridor

Linke Seite
Ein Tal am Schnittpunkt dreier Gebirgsriesen: Pamir, Hindukusch und Karakorum.

Was auf der Karte aussieht wie ein langer, auf China gerichteter Zeigefinger, der Tadschikistan von Pakistan trennt, ist ein schmaler Landstreifen in eisigen Höhen an den westlichen Ausläufern des Himalajas. Der Wachankorridor (auch Wakhan-Korridor), kurz Wakhan genannt, liegt auf dem Schnittpunkt dreier gewaltiger Gebirgszüge: Pamir, Hindukusch und Karakorum. Die alte Seidenstraße führte durch den 300 Kilometer langen, 20 bis 60 Kilometer breiten und in Höhen von 2500 bis 5000 Metern gelegenen Korridor. Später fungierte er vor allem als „Pufferzone" zwischen dem Russischen und dem Britischen Reich, als 1873 beschlossen wurde, dass der Wakhan diese beiden Kontrahenten trennen sollte, die in Zentralasien um die Vorherrschaft rangen. Als *Great Game* („Großes Spiel") bezeichnete man die Konflikte der beiden Großmächte Ende des 19. Jahrhunderts in der Region. Im Wakhan, seit 2014 Nationalpark, sind die Menschen eher zu Fuß oder zu Pferd als in Autos unterwegs. Die Straße in der Talsenke führt nicht ganz bis ans Ende des Korridors, d.h. zu der 97 Kilometer langen Grenze mit China. Auf 4923 Metern liegt einer der höchst gelegenen Grenzposten der Welt.

Der abgelegene, wilde Landstrich ist eher ein Reich von Tieren als von Menschen. Braunbären, Schneepanther und Marco-Polo-Schafe mit spiralförmigen Hörnern, von denen der venezianische Entdecker einst fasziniert war, sind dort heimisch. Die historische Bevölkerung besteht neben ein paar wenigen kirgisischen Hirten überwiegend aus den Wakhi, einer ismailitischen Gruppe des Islam. Als Schiiten und Anhänger des Aga Khan sind sie die Antipoden zu den sunnitisch-fundamentalistischen Taliban in Afghanistan. Viele Wakhi wissen nichts von deren Existenz und Machtübernahme, genauso wenig wie vom 11. September 2001 oder von der US-amerikanischen Invasion in Afghanistan. Nur wenige besitzen ein Radio, es gibt weder Internet noch Mobiltelefone. Doch der Schwebezustand am Rande eines Geschehens, welches das Land seit Jahrzehnten zerreißt, könnte bald ein Ende haben. Vor der Rückkehr der Taliban nach Kabul im Sommer 2021 hatte man mit China das Projekt einer neuen Straße und Militärbasis im Norden des Korridors diskutiert. Die Aussicht auf mehr Tourismus und Handel würde für den Wakhan möglicherweise das Ende seiner Immunität bedeuten.

Oben
Wohlbekannter Anblick entlang der Seidenstraße: Kamele am Wegesrand.

Links
Nur vereinzelte Menschen leben im Reich der Marco-Polo-Schafe und Schneepanther.

Linke Seite
Blick von Tadschikistan über den Fluss Wachandarja auf den Wachankorridor.

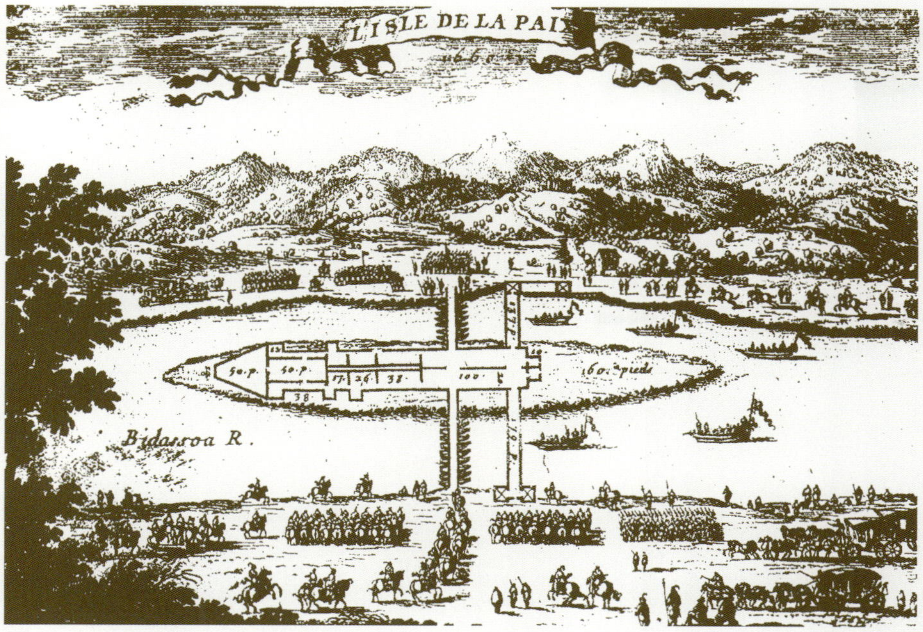

WECHSELNDE NATIONALITÄT **AUF DER FASANENINSEL**

Zweimal im Jahr ändert die Fasaneninsel die Nationalität und das Regime. Dass sie abwechselnd zu Spanien oder Frankreich gehört, ist weltweit beispiellos und mit der Geschichte beider Länder verknüpft.

Zwischen Frankreich und Spanien

Der Fasan ist ein Symbol für den Frieden.

Oben
1660 wurde sie zur Insel des Friedens ... und einer arrangierten Hochzeit.

Linke Seite oben
Die wechselnde Verwaltung der Insel im Grenzfluss Bidasoa ist weltweit einzigartig.

Linke Seite unten
Gipfeltreffen auf der Fasaneninsel zwischen dem französischen König Ludwig XIV. und seinem spanischen Amtskollegen Philipp IV. Stich aus dem 19. Jahrhundert.

Auf den ersten Blick sieht man nichts Außergewöhnliches: ein grünes Stück Land, nicht für die Öffentlichkeit zugänglich, etwa 200 mal 50 Meter groß. Ein Inselchen im Grenzfluss Bidasoa zwischen dem französischen Hendaye und dem spanischen Irún. Und doch ist die Fasaneninsel, die mehr Könige als Vögel vorüberziehen sah, einzigartig. Sie ist weltweit das kleinste Kondominium, also ein Gebiet, in dem mehrere Länder die Oberhoheit ausüben. Einzigartig ist außerdem ihre Verwaltung, ein Vermächtnis der Könige und Diplomaten, die sie einst als idealen Verhandlungsort auserkoren hatten. Seit dem 15. Jahrhundert war die Insel Schauplatz diverser konfliktreicher Episoden und Aussöhnungen zwischen den beiden Königshäusern. Aus einer langen Reihe von Begegnungen, Delegationen sowie Austauschen von Gefangenen und Prinzessinnen seien hier nur zwei Daten hervorgehoben: 1526 wurde König Franz I., der sich nach seiner Niederlage bei Pavia in der Gefangenschaft Karls V. befand, an Frankreich übergeben. Im Gegenzug für seine Freilassung gingen seine beiden Söhne als Geiseln an den spanischen Königshof. 1659 fanden auf der Fasaneninsel dreimonatige Gespräche statt, in denen der französische Diplomat Mazarin den Pyrenäenfrieden aushandelte, der den seit 1635 andauernden-Französisch-Spanischen Krieg beendete. Besiegelt wurde der Friedensschluss mit der Vermählung von Maria Teresa von Spanien und dem jungen Ludwig XIV. von Frankreich. In Gedenken an die historischen Ereignisse sprach das Abkommen von Bayonne 1856 die Fasaneninsel beiden Staaten zu und stellte sie unter wechselnde Verwaltung. Seither ist Frankreich vom 1. August bis 31. Januar und Spanien in den übrigen sechs Monaten zuständig. Das Oberhaupt der jeweiligen Verwaltung trägt keinen geringeren Titel als „Vizekönig“. Für die spanische Krone ist es der Kommandant des Marinestützpunkts von San Sebastián, für Frankreich der Chef der Meeres- und Küstenbehörde der Départements Landes und Pyrénées-Atlantiques. Auf der Fasaneninsel haben die Franzosen das Königtum wohl noch nicht ganz hinter sich gelassen.

2
19
B
NL

BAARLE, EIN RIESIGES PUZZLE

Skurrile Grenzziehungen aus dem Mittelalter ordnen die Einwohner der zwei Gemeinden von Baarle wie bei einem Puzzle mal Belgien, mal den Niederlanden zu. Willkommen in der Absurdität.

Zwischen den Niederlanden und Belgien

Baarle: ein Puzzle aus 30 Teilen

„Entlang der gestrichelten Linien ausschneiden", könnte die Bastelanleitung für die zwei Gemeinden Baarle-Hertog (Belgien, etwa 3000 Einwohner) und Baarle-Nassau (Niederlande, etwa 7070 Einwohner) lauten. Baarle verfügt zweifellos über die skurrilsten Grenzziehungen der EU. Die beiden Ortschaften sind derart ineinander verschachtelt, dass man die Grenzen am Boden mit Kreuzen oder Kreisen markiert hat. Sie führen schonungslos durch Wohnhäuser, Geschäfte, Restaurants, über Terrassen und sogar mitten durchs belgische Rathaus, das teilweise niederländisch ist. Ingesamt dreißig Enklaven – zweiundzwanzig belgische in den Niederlanden und acht niederländische in Belgien – zählt der auf die Epoche vor der Teilung der beiden Länder zurückgehende Flickenteppich. Bereits zur Zeit der Vereinigten Provinzen, als Belgien und die Niederlande noch eins waren, gehörten die zwei Gemeinden von Baarle verschiedenen Provinzen an. Dieser Grenzwirrwarr entstand 1198, als der Herzog von Brabant die unwirtlichen Ländereien von Baarle an den Herrn von Breda abtrat, der ihm im Austausch dafür durch einen Lehensvertrag Schutz gewährte. Das war die Geburtsstunde der Enklaven, die seither niemand wieder zu einen vermochte. Selbst der Grenzvertrag von Maastricht aus dem Jahr 1843, der die belgisch-niederländische Grenze festlegte, konnte in Baarle nichts ausrichten. 1995 wurden zur endgültigen Grenzziehung die Enklaven neu vermessen, doch viel Neues ergab sich nicht, außer dass ein paar Familien Land und Nationalität wechseln mussten. Der freie Warenverkehr und der Euro erleichtern das Zusammenleben zwar erheblich, doch das Durcheinander, die verwaltungstechnischen Scherereien oder auch die sonstigen Machenschaften in diesen beiden Gemeinden, wohl seit jeher Schmugglernester, verbessern sich kaum. Die einfache Regel in Baarle lautet: Ein Haus liegt in dem Land, in dem sich dessen Haustür befindet. Manche scheuen sich daher nicht, ihre Haustür zwecks steuerlicher Vorteile zu verlegen oder ein zweites Haus hinter einer der am Boden markierten Grenze zu bauen. Dass die Bewohner mal schnell in eine andere Enklave hinüberflitzen, weil dort die Preise günstiger sind oder attraktivere Dienstleistungen im Angebot ist, ist hier der (bi)nationale Volkssport.

Linke Seite
Kleine weiße Kreuze verweisen auf den Grenzverlauf und sind in der Stadt allgegenwärtig.

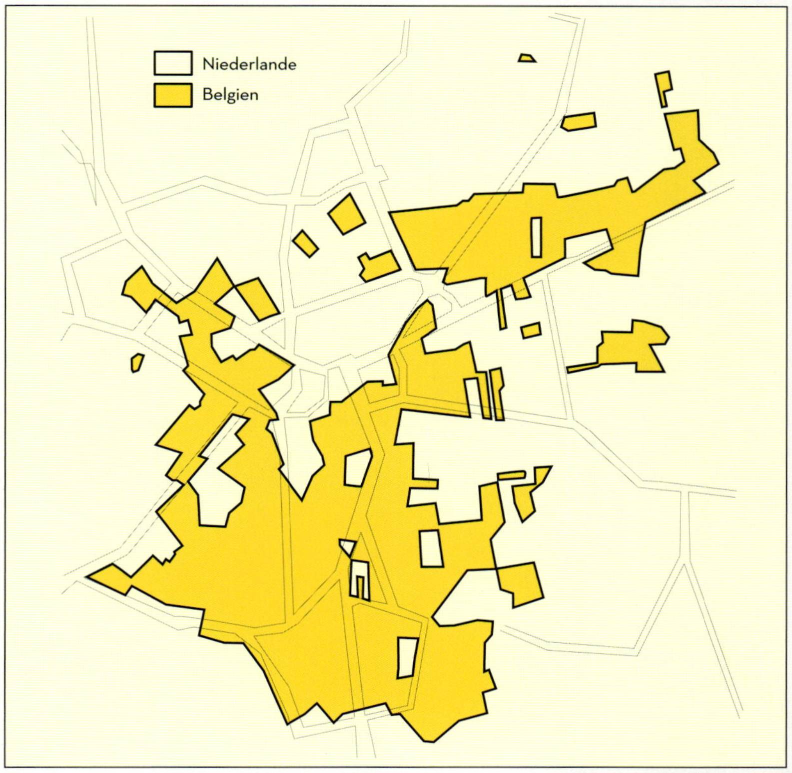

VERLASSENES LAND,
BEGEHRTES LAND

Fremde Territorien werden nicht immer nur mit Waffen, sondern bisweilen ebenso erfolgreich mit Worten erobert. Der im Mittelalter geprägte Begriff *terra nullius* – Niemandsland – diente regelmäßig der Rechtfertigung von gewaltsamer Inbesitznahme. Dabei gibt es kein von der Zivilisation unberührtes „neues Land". Um viele Flecken auf der Welt wird nach wie vor gestritten und einige verwaiste Landstriche werden als *terra nullius* reklamiert. Heute schürt das Konzept weiter die Ambitionen einiger Möchtegern-Fürsten. Gleichzeitig ist es ein mächtiges Instrument, um sich die ein oder andere begehrte Region unter den Nagel zu reißen.

TERRA NULLIUS, EIN NIEMANDS-LAND

Erklärte man im Mittelalter ein Gebiet zur terra nullius, *verfolgte man andere Absichten. Das völkerrechtliche Konzept entwickelte sich über die Jahrhunderte weiter und hat nicht mehr die Erbeutung eines Landes, sondern dessen Schutz zum Ziel.*

Weltweit

Australien: über 200 Jahre lang eine *terra nullius*

„Niemandes Land" heißt der lateinische Ausdruck *terra nullius* wörtlich. Sein Ursprung geht auf eine 1095 von Papst Urban II. erlassene päpstliche Bulle zurück. In der religiösen Urkunde wurden die katholischen Staaten Europas autorisiert, sich Territorien einzuverleiben, die Nicht-Christen gehörten. Damit war die Gründung christlicher Staaten im Morgenland während des Ersten Kreuzzugs legitimiert. Von da an griff man völkerrechtlich nach Belieben die Idee des „herrenlosen Landes" auf, gab den Aktivitäten der Mächtigen einen legalen Anstrich und verlieh kolonialen Bestrebungen den Anschein zivilisatorischer Missionen. Erst der Friedensvertrag von Versailles 1919 verankerte den Grundsatz des Selbstbestimmungsrechts der Völker und legte fest, dass ein von Indigenen bewohntes Gebiet nicht zum Niemandsland deklariert werden durfte. Bis dahin war die *terra nullius* bei jeder großen Weltenteilung beteiligt – ob im Vertrag von Tordesillas, mit dem der Papst 1494 die Neue Welt in zwei Teile brach und zwischen den Portugiesen und Spaniern aufteilte, oder in der Berliner Konferenz („Kongokonferenz"), mit der die Europäer 1884/85 Afrika wie einen Kuchen in Stücke schnitten. *Terra nullius* deklarierte die Einheimischen zu einer minderwertigen Zivilisation, die keine Gleichbehandlung verdiente und sich schuldig machte, weil sie die Ressourcen und Böden ihres Landes nicht nutzte. Ein exemplarischer Fall ist Australien, das von den Engländern bei ihrer Ankunft 1788 ohne offizielle Eroberung zur *terra nullius* erklärt wurde. Zwei Jahrhunderte später, 1992, hob das Hohe Gericht in Australien diese Erklärung auf und erkannte an, dass die Aborigines auf dieses Land Rechte hatten. Oder, besser gesagt, immer noch haben. Das „Mabo-Urteil" ermöglicht die Entschädigung und Landrückgabe an die „traditionellen Eigentümer", wie es offiziell in Australien heißt. Heute ist *terra nullius* kein juristisches Werkzeug zur Legalisierung von Landraub mehr, sondern dient zum Schutz tatsächlich unbesiedelter Gebiete, die keiner offiziellen Hoheit unterstehen oder die für illegal erklärt worden sind. Nur ein Teil der Antarktis sowie die Himmelskörper können daher aktuell noch als echtes Niemandsland gelten.

Oben
Unterzeichnung des Friedensvertrags von Versailles im Spiegelsaal am 28. Juni 1919. Gemälde von William Orpen, 1919.

Linke Seite
Statue von Urban II. in seiner Geburtsstadt Châtillon-sur-Marne. Der Papst hatte 1095 zum Ersten Kreuzzug aufgerufen.

Nächste Doppelseite
Demonstration am 26. Januar 2017 gegen den umstrittenen Australia Day. Der Nationalfeiertag gedenkt der Ankunft der britischen First Fleet („Ersten Flotte") 1788 und der Ausrufung der britischen Oberhoheit über Australien.

Socialist Alliance
STOP
BLACK
DEATHS
TERRA

Socialist Alliance
LAND

Oben
Der Antarktisvertrag hat die territorialen Ansprüche auf den weißen Kontinent eingefroren. Dort befindet sich streng genommen die einzige terra nullius weltweit.

Rechts
Bild von angeketteten Aborigines auf einer Mauer in Melbourne. Street-Art-Künstler klagen an.

Rechte Seite
Der Vertrag von Tordesillas teilte die Neue Welt unter Spanien und Portugal auf, ohne dabei die Rechte der indigenen Zivilisationen zu berücksichtigen.

Dom Johan per graça de deos

Rey de purtugual e dos algarues daquem e dalem mar em a
frica e Senhor de guinee. A quantos esta nossa carta virem fa
zemos saber que por Ruy de sousa Senhor das villas de sagres e be
ringel e dom Johan de sousa seu filho nosso almotacee moor. E o licenciado
aires dalmada corregedor dos feitos ciuees em nossa corte e do nosso desembargo. todos do
nosso conselho que enuiamos com nossa embaixada e poder aos muy altos e muy excelentes
e poderosos dom fernando e dona Isabel per graça de deos Rey e Raynha de castella de liam da
ragom de cezilia de granada etc. nossos muyto amados e prezados irmaãos. sobre a difere
nça do que a nos e a elles pertence do que atee sete dias do mes de Junho da feitura desta Capi
tulaçam esta por descobrir no mar oceano. foy tractado e capitulado por nos e em nosso
nome per virtude de nosso poder com os dittos Rey e Raynha de castella nossos irmaãos e
com dom anrique anriquez seu moordomo moor e dom gutierre de cardenes Comendador moor
de liam e seu contador moor. E o doutor Rodrigo maldonado todos do seu conselho E em seu no
me per virtude do seu poder. Na qual dita capitulaçam os ditos nossos embaixadores e procu
radores antre as outras cousas prometeram que dentro de certo termo em ella conteudo
nos outorgariamos confirmariamos jurariamos ratificariamos e aprouariamos a dita
capitullaçam per nossa pessoa E querendo nos [illegible] e comprindo todo o que assy em nosso no
me foy assentado capitulado e outorgado acerca do suso dito. Mandamos trazer ante nos
a dita scriptura da dita Capitulaçam e asento pera a veer e examinar. o theor da qual de
verbo a verbo he este que se segue. **Em nome de deos** todo poderosso padre
filho e spiritu santo tres pessoas realmente distintas e apartadas e hũa soo essencia di
uina. Manifesto e notorio seja a todos quantos este publico stromento virem como
na villa de tordesilhas a sete dias do mes de Junho anno do nascimento de nosso
Senhor Jhesu Christo de mil quatrocentos noventa e quatro annos em presença de nos os secre
tarios scripvaaes e notairos publicos adiante scriptos stando presentes os honrrados dom
anrique anriquez moordomo moor dos muy altos e muy poderosos principes os Senhores
dom fernando e dona Isabel per graça de deos Rey e Raynha de castella de liam daragom
de cezilia de granada etc. E dom gutierre de cardenes contador moor dos dittos Senhores
Rey e Raynha E o doutor Rodrigo maldonado todos do conselho dos ditos Senhores Rey e
Raynha de castella de lion daragom de cezilia de granada etc. seus procuradores abas
tantes de hũa parte. E os honrrados Ruy de sousa Senhor de sagres e de beringel

GRENZEN IM EWIGEN EIS: MARIE-BYRD-LAND

Die letzte echte terra nullius *auf der Erde liegt in der Antarktis. Sie ist der einzige Teil des Weißen Kontinents, auf den kein Staat Ansprüche erhebt. Was wissen wir sonst über Marie-Byrd-Land?*

Die Rede ist von 1,61 Millionen eisigen Quadratkilometern in der Antarktis, einem selbst für antarktische Verhältnisse isolierten, unerreichbaren Gebiet. Soviel in aller Kürze. Tatsächlich lässt sich Marie-Byrd-Land besser negierend beschreiben: keine Bewohner, keine Siedlungen, keine Besitzer, keine Ansprüche. Genau genommen kann es auch keine geben. Insgesamt sieben Nationen – Argentinien, Australien, Chile, Frankreich, Großbritannien, Neuseeland und Norwegen – haben in der Vergangenheit, basierend auf Expeditionen oder aus Gründen territorialer Kontinuität, Antarktika in Abschnitte

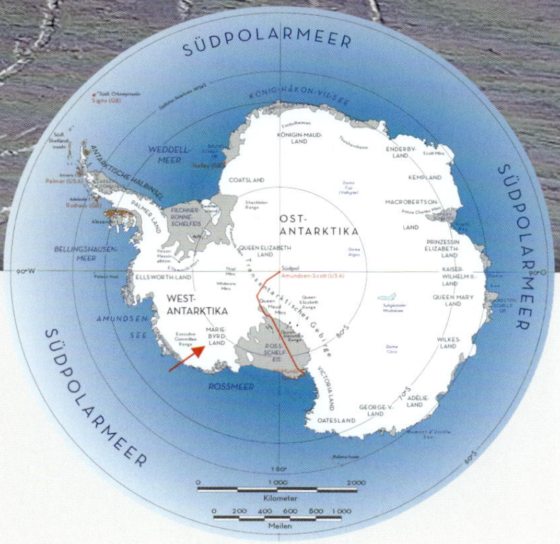

Oben
Flug über den Mount Waesche, einen 3292 Meter hohen Schildvulkan in Marie-Byrd-Land.

Antarktika

Sieben Staaten teilen sich diesen Kontinent.

unterteilt. Diese Gebietsansprüche sind jedoch seit dem Antarktisvertrag von 1961 eingefroren. Zu jenem Zeitpunkt hatte niemand ernsthaft Ansprüche auf das nach der Frau des US-amerikanischen Piloten und Polarforschers Richard Byrd benannte Gebiet erhoben, der es 1929 erstmals überflogen hatte. (Antarktisch-romantische Randbemerkung: Auch Dumont d'Urville hatte 1840 die von Frankreich beanspruchte Terre Adélie, dt. Adélieland, nach seiner Angetrauten benannt). Die Amerikaner hätten Marie-Byrd-Land für sich reklamieren können, denn sie waren dort am präsentesten und aktivsten. Über fünfzig Jahre lang sammelten die USA von der Byrd-Station Daten zur Klimaerwärmung für UN-Programme und tun es bis heute von anderen Standorten aus. Im Übrigen ist das eisige Marie-Byrd-Land vielleicht doch nicht so eisig. Laut neueren Studien der NASA ist es unter der Oberfläche sogar eher heiß. Im Untergrund soll eine sogenannte Mantelplume verlaufen, ein Aufstrom von heißem Gesteinsmaterial aus dem Erdmantel. Dieses geologische Phänomen könnte die erhöhte seismische Instabilität und die rapide Eisschmelze im einsamen Marie-Byrd-Land erklären.

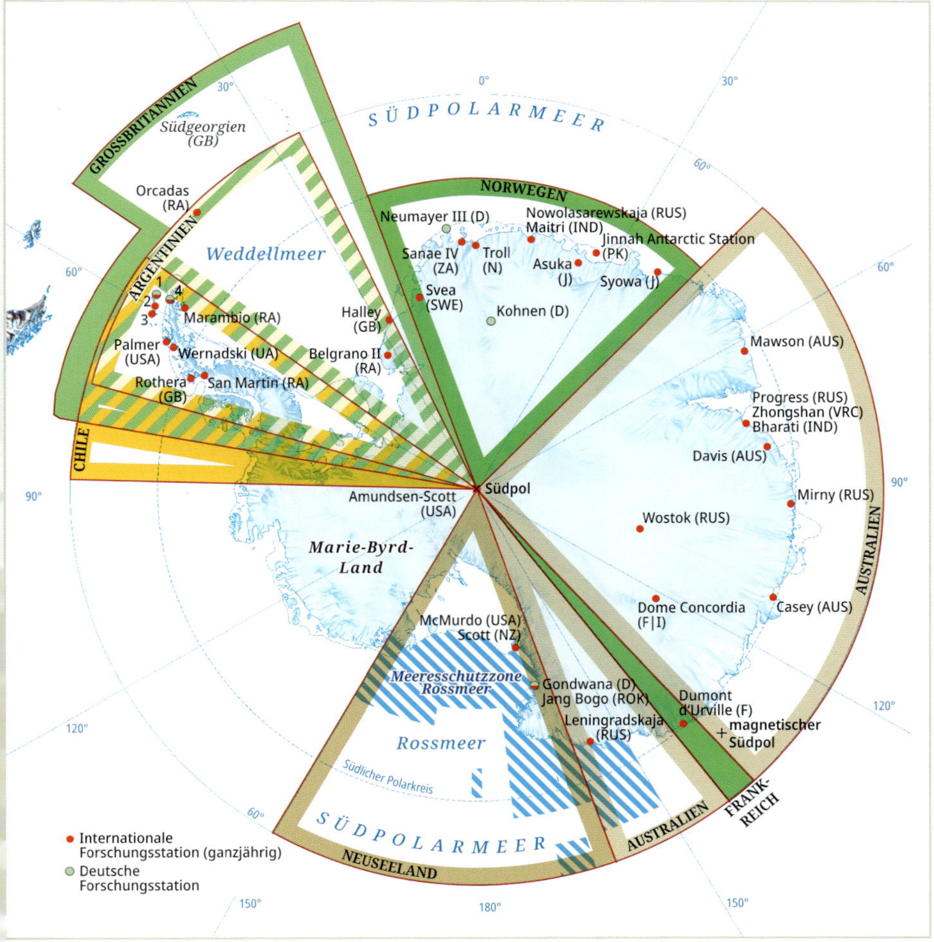

Oben
Der Pilot und Polarforscher Richard Byrd (1888–1957) startete 1928 zu seiner ersten Antarktisexpedition.

Links
Marie-Byrd-Land ist das einzige antarktische „Tortenstück", das von keiner Nation beansprucht wird.

Nächste Doppelseite
Die antarktische Eiswüste ist die Heimat der Kaiserpinguine. Sie teilen sich ihren Lebensraum mit Robben, Walen und Orcas.

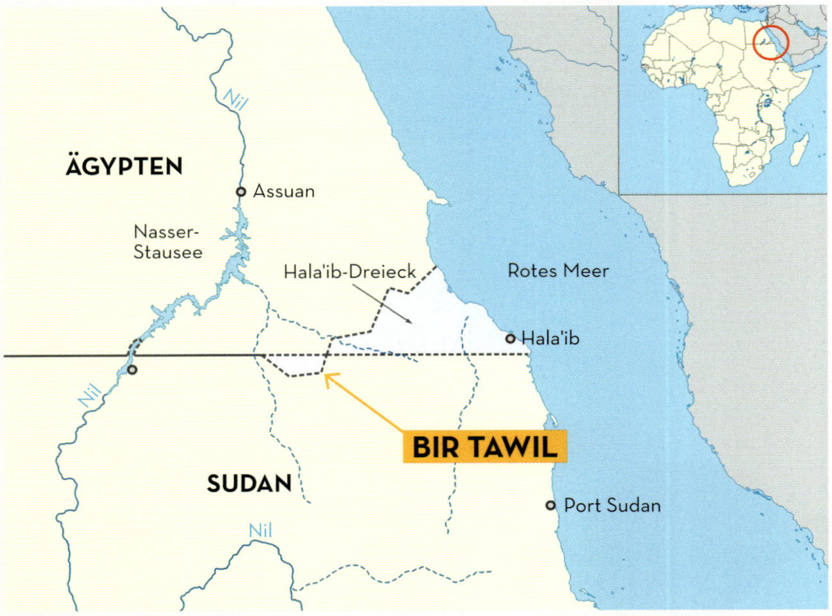

MEHRERE BEWERBER FÜR BIR TAWIL

Weder Ägypten noch der Sudan wollen Bir Tawil haben. Nun streiten andere Interessenten um das Wüstendreieck, rammen ihre Flaggen in den Boden und befeuern die sozialen Netzwerke.

Zwischen Ägypten und Sudan

Wettstreit um die virtuelle Herrschaft

Rechte Seite oben
Trockene Winde der Arabischen Halbinsel fegen über die flache Sand- und Steinwüste von Bir Tawil, in der keine Menschen dauerhaft leben. Es gibt nur das ein oder andere Nomadenlager.

Rechte Seite unten
Die junge Prinzessin des Königreichs mit ihrem Vater Jeremiah Heaton.

Bir Tawil ist einer der wenigen Landstriche auf Erden, die kein Staat für sich beansprucht. Seit dem Sudankrieg Ende des 19. Jahrhunderts schieben sich die zwei Anrainerstaaten das 2000 Quadratkilometer große Territorium wie eine heiße Kartoffel zu. Für Ägypten ist Bir Tawil nach der Grenzziehung von 1899 sudanesisch, für den Sudan nach der Grenzziehung von 1902 ägyptisch. Eine beidseitige Ablehnung, hinter der sich ein beidseitiger Anspruch verbirgt, nämlich auf das benachbarte Hala'ib-Dreieck. Dieses ist zehnmal größer, rohstoffreicher und öffnet sich zum Roten Meer. Wer auf das eine Stück Land Anspruch erhebt, verzichtet zugleich auf das andere. Das geopolitische Gezeter führte im Sommer 2014 dazu, dass der Amerikaner Jeremiah Heaton einen Bewerberreigen eröffnete. Der Farmer aus Virginia (USA) pflanzte seine Flagge in den Wüstensand von Bir Tawil und erklärte seine siebenjährige Tochter zur Prinzessin des „Königreichs Nordsudan". Er wollte nicht nur dem Töchterchen den Prinzessinnentraum erfüllen, sondern die Wüste von Bir Tawil zum ökologischen Garten Eden machen, der ganz Afrika ernährt. Seine Methoden scheinen allerdings weniger philanthropisch: Er verkaufte sein Märchen an die Disney-Studios und brachte eine Kryptowährung heraus. Kaum sechs Monate später behauptete ein russischer Amateurfunker und Abenteurer, Heaton habe Bir Tawil nie betreten, und erhob per Geolokalisierung eigene Ansprüche auf das „Königreich Mittelerde", wie er es taufte. Im November 2017 ließ ein indischer Informatiker ebenfalls eine Flagge dort hissen und rief das „Königreich Dixit" aus. Fortan liefern sich drei Möchtegern-Könige einen heftigen Krieg in sozialen Netzwerken, den die jüngste Bewerberin weiter anheizt: Eine libanesisch-amerikanische Geschäftsfrau proklamierte im September 2019 von der Ukraine aus das „Königreich der Gelben Berge", in dem Geflüchtete aus der arabischen Welt Schutz finden sollen. Es gibt keine Reaktionen seitens der Ägypter oder Sudanesen und die lokale Bevölkerung zieht leider keinerlei Nutzen aus diesem Hype um fiktive Königreiche.

CLIPPERTON, ATOLL DER VERGESSENEN

Lange ein Zankapfel zwischen Mexiko und Frankreich, ist das französische Atoll heute Tölpeln und Krebsen überlassen … und Plastikmüll, der fern an die legendären „Vergessenen von Clipperton" erinnert.

Pazifischer Ozean

Eine Million Krabben auf zwei Quadratkilometern

Die Beschreibung ist knapp und wenig schmeichelhaft. Von der Luft aus wirkt die Insel wie ein Robinson-Idyll, ein kleiner See im weiten Nordpazifik, eine Krone aus Sand und Süßwasser, zwei Quadratkilometer groß. Tausend Kilometer sind es zum nächsten Festland, Mexiko, was sie zum abgeschiedensten Atoll der Erde macht. Doch am Boden ähnelt die Lagune eher einer Klärgrube. Schuld daran sind die Ausscheidungen einer riesigen Vogelkolonie von rund einhunderttausend Maskentölpeln. Dazu kommen vierzig Tonnen Plastikmüll am Ufer und eine Million Krabben, die sich den feinen Sand mit anderen unliebsamen Neuankömmlingen teilen: Ratten. Kurz gesagt, dieses winzige Stück Frankreich ist heruntergekommen. Einmal jährlich hisst die französische Marine auf Clipperton Island ihre Flagge, um die mexikanischen Nachbarn, die nach wie vor gerne das Atoll für sich hätten, an die Hoheitsrechte Frankreichs zu erinnern. Das Kräftemessen währt schon lange. Die Franzosen annektierten 1711 das Atoll, sieben Jahre nach seiner Entdeckung durch den englischen Freibeuter John Clipperton. 1907 machte Mexiko den Franzosen die Hoheitsrechte streitig und entsandte eine ständige Garnison aus Soldaten mit Frauen und Kindern auf das Eiland. Dann kamen die Mexikanische Revolution und der Erste Weltkrieg … und kein Versorgungsschiff steuerte Clipperton mehr an. Zehn Jahre später waren nur noch eine Handvoll Kinder und drei Frauen übrig, die sich der einzige männliche Überlebende, der selbsternannte „König von Clipperton", als Sexsklavinnen hielt. Mit einem Hammer erschlugen sie am Ende ihren Peiniger, einen Tag bevor ein US-amerikanisches Kriegsschiff die Vergessenen unverhofft aufgriff und rettete. Ein internationales Schiedsgericht erklärte 1931 die Insel zum französischen Hoheitsgebiet, was Mexiko erst 1959 anerkannte. Clipperton Island ist Frankreichs einziger Besitz im Nordpazifik und beschert dem Land eine 435 000 Quadratkilometer große „ausschließliche Wirtschaftszone", d. h. ein Hochseegebiet mit alleinigem Recht zur Erforschung und Ausbeutung der Ressourcen. Diese Region ist reich an Thunfisch und an Manganknollen (Kupfer-, Nickel- und Kobaltklumpen), strategischen Mineralien, den wahren Nuggets der Zukunft. Frankreich erwägt nun, auf Clipperton eine dauerhafte wissenschaftliche Station einzurichten. Das könnte vielleicht auch die Ratten vertreiben.

Oben

Clipperton Island trägt auch den Namen Passionsinsel, da ihre Entdeckung 1711 auf einen Karfreitag fiel.

Linke Seite oben

Eine Trauminsel … solange man sie aus der Ferne betrachtet.

Linke Seite unten

Auf dem Clipperton-Atoll findet sich Plastik sogar in den Nestern der Maskentölpel.

Oben
Maskentölpel beim Sonnenuntergang auf der Clipperton-Insel.

Rechte Seite oben
Die Kokospalmen spendeten den Vergessenen einst etwas Schatten. Die endemischen Krabben fressen die Blätter.

Rechte Seite unten
Sollten Sie auf der Clipperton-Insel vergessen werden: Nicht die Rote Krabbe essen, ihr Fleisch ist giftig.

GROSSE PLÄNE
FÜR DIE KLEINE HANS-INSEL

Das ein Quadratkilometer große Inselchen zwischen der Provinz Nunavut und Grönland weckt die Begehrlichkeiten von Dänemark und Kanada, die ihre Hoffnungen auf die Eisschmelze setzen.

Zwischen Kanada und Dänemark

Eisschmelze: 100 000 Quadratkilometer pro Jahr (Nordhalbkugel)

Rechte Seite oben
Noch ist die Hans-Insel mitten im Kennedy-Kanal von Packeis umschlossen.

Rechte Seite unten
Das Hans Universalis Project *will den Felsen in eisigen Gefilden zu einem unberührbaren Stück Land machen.*

Sie ist einfach nur ein Felsen. Die Hans-Insel, unbewohnt und unbewohnbar, hat keine Rohstoffe, allerdings die Aussicht auf Rohstoffe, wenn man die Klimaerwärmung einkalkuliert. Auf eben dieses unsichere Pferd setzen Kanada und Dänemark offenbar und streiten seit etwa fünfzig Jahren um dieses ziemlich genau gleich weit von beiden Küsten entfernte eisige Eiland in der Naresstraße. 1933 wurde es vom früheren Völkerbund Dänemark zugesprochen. Als 1973 die endgültigen Grenzen gezogen wurden, blieb der Status der Hans-Insel ungeklärt. Seitdem hissten dort in regelmäßigen Abständen die zwei Länder ihre Flaggen im sogenannten Whisky-Krieg. Den Anfang machten 1984 die Kanadier, die vor Ort eine landestypische Flasche Whisky hinterließen. Ein paar Tage später lag stattdessen eine dänische Schnapsflasche dort. 2022 wurde der Whisky-Krieg mit der Unterzeichnung einer Einigung und dem Austausch von zwei Flaschen Schnaps beendet. Aber woher rührte der Konflikt? Das Inselchen wäre tatsächlich das Tor zur polaren Erdölförderung, wenn das Packeis eines Tages abgeschmolzen ist. Der Verzicht auf die Felseninsel würde bedeuten, künftige Gebietsansprüche in der Arktis abzutreten. Die Gespräche zwischen den beiden Nachbarn sind in vollem Gange: Entweder man teilt die Hans-Insel mitsamt des erhofften Erdölreichtums in zwei Teile oder man macht sie zu einem Kondominium, gemeinsamem Eigentum. Man setzt also auf das Schlimmste, den Anstieg des Meeresspiegels. Seit 2013 schlägt eine Gruppe von Bürgern um den französischen Journalisten und Forscher Emmanuel Hussenet einen dritten Weg vor. Ihr „Hans Universalis Project" hat zum Ziel, die Hans-Insel zur *terra nullius* zu erklären, zu einem universellen Land als Zeichen dafür, dass die Menschen den Kampf gegen die Klimaerwärmung kollektiv führen müssen. Die Verhandlungen gehen ebenso weiter wie der Streit zwischen Russland, Kanada, USA, Norwegen und Dänemark um die ausschließlichen Wirtschaftszonen in der Antarktis.

DER KÖNIG **DER ÉCRÉHOUS**

Ein Justizirrtum. Ein Mann im weiten Meer, in freiwilliger Verbannung auf einer Insel, deren König er sein will … Der Pitch für ein Erfolgsdrehbuch? Nein, die wahre Geschichte des Alphonse Le Gastelois.

Irgendwo zwischen Cotentin und Jersey, zu dem sie seit 1953 offiziell gehört, liegt die Inselgruppe Écréhous. Es sind kleine Granitfelsen, von denen bei Flut nur drei aus dem Wasser ragen. Der „Hauptort" auf dem Inselchen Marmotière, kaum größer als ein Fußballfeld, besteht aus etwa zwanzig Häusern, die nur bei schönem Wetter bewohnt sind. In dem einstigen Piratennest gibt es nichts, oder fast nichts. Und dennoch wollte Alphonse Le Gastelois in den 1970er-Jahren dort König werden. Der eigenbrötlerische Bauer aus Jersey wurde zu Unrecht für eine Serie von Sexualstraftaten an Kindern beschuldigt. Gedemütigt und ausgegrenzt, flüchtete er sich auf die „garstigen Steine" – Zitat Victor Hugo – inmitten starker Strömungen und gefährlicher Riffs, die nur unerschrockene Seebären ansteuern. Vierzehn Jahre lang, von 1961 bis 1975, blieb Le Gastelois auf Marmotière und entschied sich sogar zu bleiben, als die wahre „Bestie von Jersey" 1971 gefasst

Oben
Wenige Häuser schmiegen sich zwischen die Felsen auf dem Eiland Marmotière. Es ist neben Maîtresse Île und Blanche Île eine der drei Hauptinseln der Écréhous.

Jersey

10 Jahre und 1 Tag, um König zu werden

wurde. Der Einsiedler ernährte sich von Meeresfrüchten und Lebensmitteln, welche die wenigen Sommergäste, deren Häuser er hütete, zurückließen. Und er beantragte nach dem auf Jersey geltenden normannischen Gewohnheitsrecht die Oberhoheit über die Écréhous. In der Tat besagt dieses Gesetz, dass jeder, der für zehn Jahre und einen Tag auf einem unbewohnten Gebiet lebt, beim Herzog der Normandie – in diesem Falle der Königin von England – die rechtmäßige Vertretung dieses Territoriums einfordern kann. Dadurch wären die Écréhous der Obhut von Jersey entzogen worden. Doch die Königin wies den Antrag als unzulässig zurück, weshalb die Écréhous-Inseln weiterhin zu Jersey gehören. Am Ende zwang man Le Gastelois zum Verlassen seines freiwilligen Exils nach einer Anklage wegen Brandstiftung, von der er später ebenfalls freigesprochen wurde. Ohne je auf seine Insel zurückzukehren, starb er siebenundneunzigjährig am 3. Juni 2012. Es war der Tag des 60. Thronjubiläums der Königin Elisabeth II., die ihm seinerzeit das Königsein verwehrt hatte.

three years. For the last 18 months of his life, he lived in Palm Springs nursing home on Trinity Hill.

In 1999, the late Senator John Rothwell took a proposition to the States calling for Mr Le Gastelois to be given £20,000 in compensation for the way he was treated. However, he dropped the proposal when Members voted against his wishes to hold the debate behind closed doors.

The wrongly accused King of the Ecréhous never received any money or a public apology. In an interview in 1997 he said: 'They ruined my life in 1961. You do feel helpless. There is no one you can complain to. If you complain, you have to complain to the police, which is unfair. There should be an independent inquirer.'

He added: 'People bully each other at school and they bully each other through life. They don't change.'

Alphonse Le Gastelois, who never married and had no children, died on 3 June aged 97.

ALPHONSE LE GASTELOIS THROUGH THE YEARS

Alphonse Le Gastelois: "I'm not coming back unless I have to"

Oben

Der „König der Écréhous" im Verlauf der Jahre. Zeitungsartikel anlässlich seines Todes.

Links

Bei Ebbe sieht die Landschaft von Marmotière gleich völlig anders aus.

Linke Seite

„Garstige Steine"? Nicht überall. Hier die größte der Écréhous-Inseln, Maîtresse Île.

Liberland
Nationality Act 2016

THE PRESIDENT OF STATE, IN EXERCISE OF THE POWERS CONFERRED BY THE LIBERLAND NATIONALITY ACT 2016, HEREBY GRANTS THIS CERTIFICATE OF CITIZENSHIP TO THE PERSON NAMED BELOW, WHO SHALL BE A LIBERLANDIAN CITIZEN FROM THE DATE OF THIS CERTIFICATE.

Certificate of Citizenship
AS LIBERLANDIAN

NAME:
SURNAME:
DATE OF BIRTH:
COUNTRY OF BIRTH:
CITIZEN NO.:

ISSUED ON THE DIRECTION OF THE SECRETARY OF STATE OF FREE REPUBLIC OF LIBERLAND

DATE:

PRESIDENT OF STATE

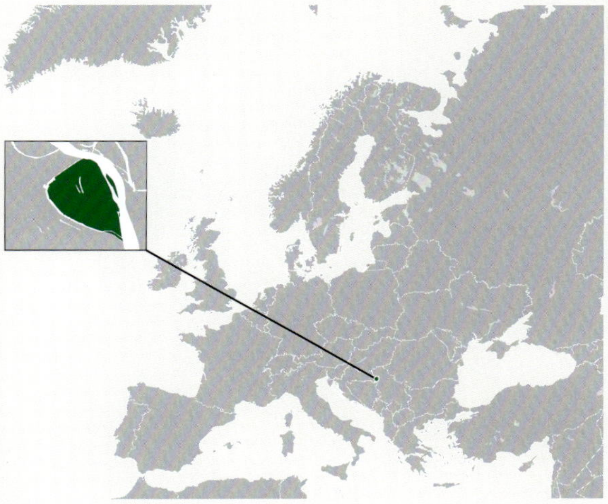

LIBERLAND, EIN PHANTOMSTAAT

„Leben und leben lassen“ lautet die Devise von Liberland. Der 2015 auf einer Donauinsel gegründete Mikrostaat strebt danach, die freieste Nation der Welt zu werden.

Zwischen Serbien und Kroatien

Der Pass kostet 5000 Dollar.

Oben
Die kleine Donauinsel war ein Naturreservat, bevor Vít Jedlička sie für sein libertäres Projekt entdeckte.

Linke Seite oben
Die Flagge von Liberland, vom Präsidenten entworfen. Die zwei gelben Streifen symbolisieren den freien Markt, der schwarze Streifen die Rebellion gegen das System. Das Blau auf dem Wappen steht für die Donau, der Vogel für Freiheit und der Baum für Reichtum und Fülle.

Linke Seite unten
Zertifikat über die virtuelle Staatsbürgerschaft.

Ob sie die freieste ist, weiß man nicht, aber die virtuell libertärste Nation ist Liberland mit Sicherheit. Ihr Gründer Vít Jedlička, tschechischer Unternehmer, träumt davon, diesen gerade mal sieben Quadratkilometer großen Landfleck in ein steuerliches und ultraliberales Paradies zu verwandeln: keine Gesetze, keine Regulierungen, keine Steuern, keine Waffenkontrollen und mit einer auf das Minimum reduzierten Verwaltung und Regierung. 2015 steckte der damals Mitdreißiger eine goldgelbe Flagge mit schwarzem Streifen als „Symbol des Freihandels und der Rebellion gegen das System“ in den Boden von Gornja Siga. Für die Kroaten ist die Insel serbisch und für die Serben kroatisch, weil sie ihre Grenzziehungen an jeweils unterschiedlichen Flussverläufen orientieren. Diese Insel inmitten eines internationalen Gewässers, der schönen blauen Donau, ist demnach eine *terra nullius,* ein herrenloses Land, entschied Jedlička und ernannte sich kurzerhand selbst zu ihrem Präsidenten. Jedlička arbeitete eine Verfassung aus, zu der ihm vor allem die schweizerische als Vorlage diente, und kreierte eine Kryptowährung. Nun kämpft er um internationale Anerkennung und wirbt auf seiner Webseite um Geldgeber und Staatsbürger. Für 5000 Dollar kann man einen Diplomatenpass erwerben, es sei denn, man ist Kommunist, Neonazi oder Extremist. Geflüchtete sind auch nicht willkommen, aus dem einfachen Grund: Da ist kein Boden, auf dem sie leben könnten. Denn die kroatischen Behörden, wenig begeistert von dieser „Albernheit“ an den Grenzen Europas und des Schengenraums, verwehren militärisch den Zutritt zur Insel. Andere Länder, auch Frankreich, empören sich über den Handel mit Diplomatenpässen und rufen dazu auf, Personen mit einem Pass der „Freien Republik Liberland“ abzuweisen. Seit seiner Gründung soll das „gelobte Land“ schon eine halbe Million Anträge auf Staatsbürgerschaft erhalten haben. Liberland wird bisher einzig von Somaliland anerkannt, ebenfalls eine selbsternannte Mikronation am Horn von Afrika und ein weiterer Fantasiestaat für die internationale Gemeinschaft.

Rechts
Der liberländische Pass ist eher ein Sesam-öffne-dich zur Steuerhinterziehung als ein Tor zur Welt.

Rechte Seite
Von der Donau umspült: Niemand darf Liberland betreten.

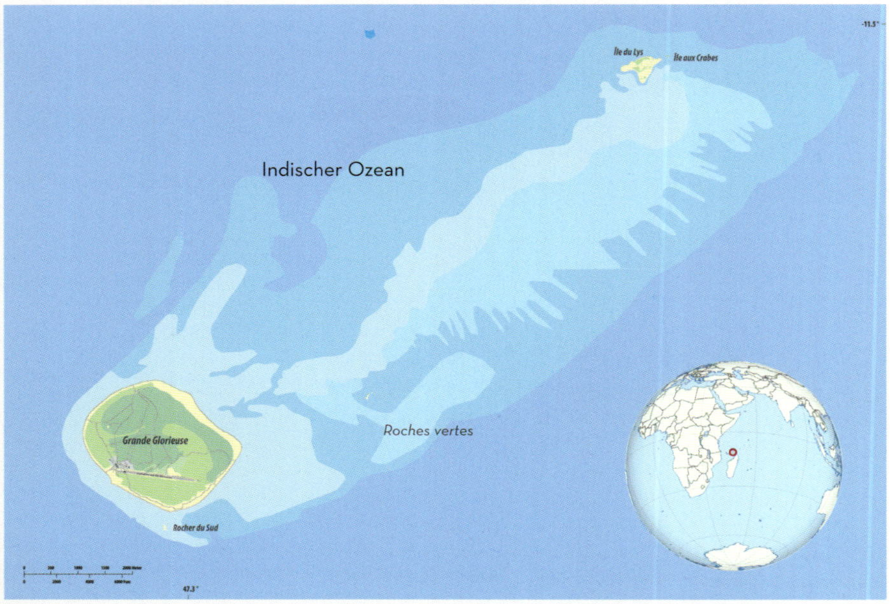

UMSTRITTENE KLASSIFIZIERUNG **DER ÎLES GLORIEUSES**

Im Juni 2021 erklärte man die Îles Glorieuses, auf die Madagaskar Anspruch erhebt, zum 170. Nationalen Naturreservat Frankreichs. Eine lobenswerte Maßnahme zum Schutz der Artenvielfalt, die aber die französische Präsenz vor Ort festigt und Kontroversen schürt.

Indischer Ozean

1892: Inbesitznahme durch Frankreich

Die Einstufung als nationales Naturreservat ist eine gute Nachricht für die Ostpazifischen Delfine, die Schwarz- und Weißspitzen-Riffhaie, die Zahnwale und Bartenwale, Grünen Schildkröten, Seegurken, Seevögel- und Fischkolonien an den Korallenriffs, die wahren Bewohner der Îles Glorieuses. Sie sind weitaus zahlreicher als die fünfzehn auf der Hauptinsel des Archipels stationierten französischen Soldaten. Politisch gehören die „ruhmvollen Inseln" zu den fünf Îles Éparses und somit zum französischen Überseegebiet TAAF, den „Französischen Süd- und Antarktisgebieten". Für die verstreut zwischen der Straße von Mosambik und dem Norden Madagaskars liegenden Inseln mit einer Gesamtfläche von sieben Quadratkilometern, die bis vor Kurzem als einfacher Meeresnaturpark ausgewiesen waren, markierte die Neueinstufung einen Meilenstein für den effizienteren Schutz des Artenreichtums im Indischen Ozean. Für Madagaskar hingegen sind es schlechte Nachrichten: Der verschärfte Schutzstatus untergräbt noch stärker den Anspruch auf die Rückgabe der Inseln, den das Land 1973 formulierte – 13 Jahre nach seiner Unabhängigkeit, bei der man die Inseln vorenthalten hatte –, untermauert durch zwei bindende UN-Resolutionen. Ende 2019 besuchte Präsident Macron das Gebiet. Das Foto und seine Äußerungen schrieben Geschichte. Mit hochgekrempelten Ärmeln und wehender Krawatte erklärte er: „Wir sind hier nicht zum Spaß, sondern zum Bau der Zukunft unseres Planeten". Die löbliche Absicht täuscht kaum über die strategischen Interessen in der Region hinweg. Die kleinen Îles Éparses bescheren Frankreich eine große „ausschließliche Wirtschaftszone" und den weltweit zweiten Platz hinter den USA. Die Straße von Mosambik, eine der meist befahrenen Seerouten der Welt, gilt angesichts der geschätzten Kohlenwasserstoffvorkommen als potenzielle neue Nordsee. Für die Madagassen klingt das erklärte Streben nach verstärktem Meeresschutz wie versteckter Imperialismus. Umweltaktivisten halten es für eine *Greenwashing*-Operation.

Rechte Seite oben
Ein winziger Landfleck im Ozean, Herzstück der französischen Geopolitik.

Rechte Seite unten
Ein Schwarm von Seeschwalben. Die Îles Éparses beherbergen eine außergewöhnliche Vielfalt an Seevogelarten.

Nächste Doppelseite
Eine Postkartenkulisse, scheinbar Welten entfernt von den Spannungen zwischen Frankreich und Madagaskar.

VOR UND HINTER MAUERN

Die Mauer ist die älteste und gleichzeitig die modernste Grenze. Nie zuvor wurden auf der Erde so viele Mauern hochgezogen wie zurzeit, von einfachen Steinwällen bis hin zu Hightech-Sicherheitsmauern. Dabei glaubten wir, diese archaischen Bollwerke, deren Wirksamkeit nicht immer im Verhältnis zu ihrer Größe steht, ein für alle Mal beseitigt zu haben. Offenbar mauert sich die Welt komplett ein. Die Menschheit scheint weiter zu ignorieren, dass sich ihr Lebensraum nicht nur auf einen zerbrechlichen Planeten beschränkt, sondern auf ein hauchdünnes Stück Erde: die weitgehend unbekannte und instabile „kritische Zone“.

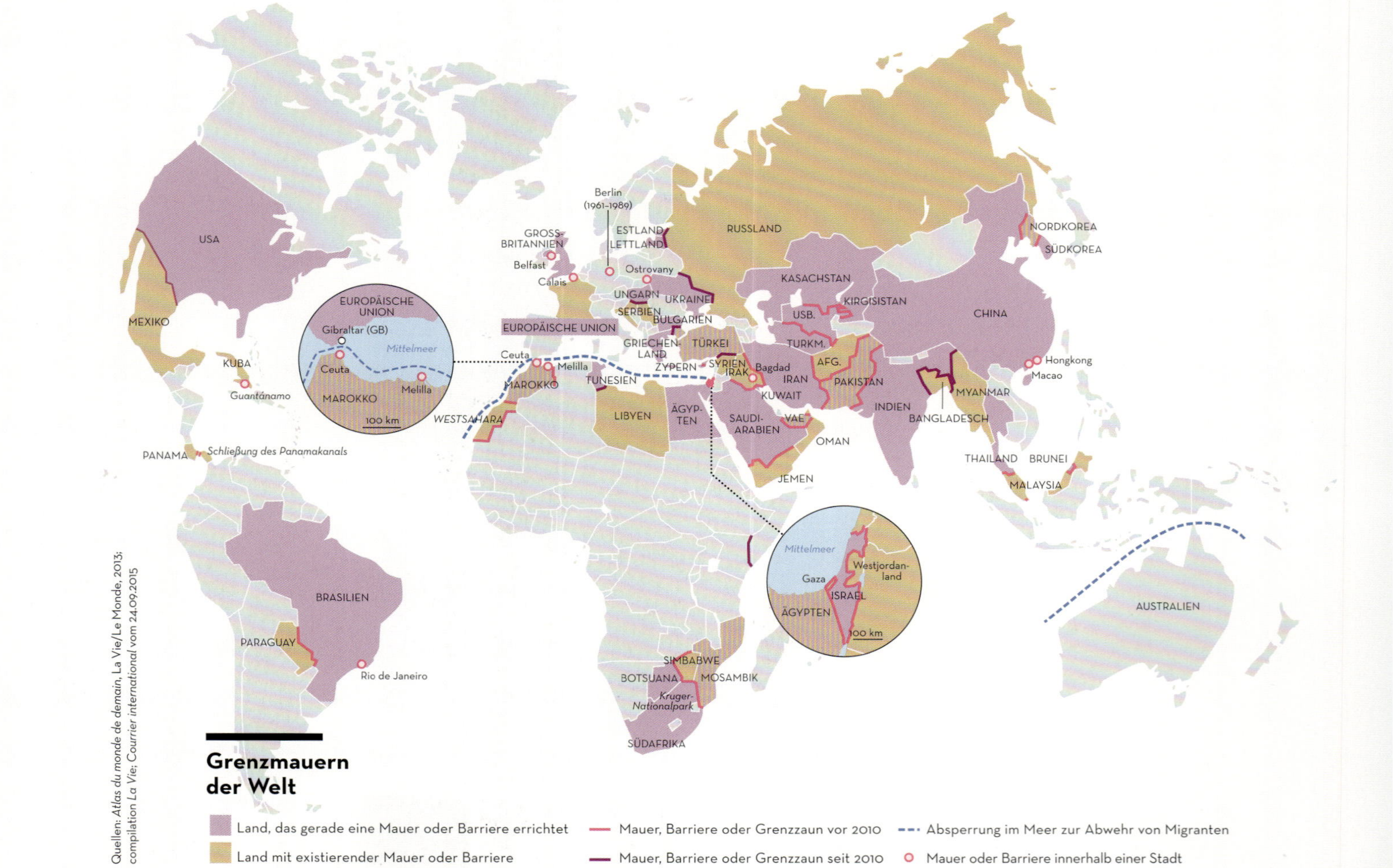

Grenzmauern der Welt

- Land, das gerade eine Mauer oder Barriere errichtet
- Land mit existierender Mauer oder Barriere
- Mauer, Barriere oder Grenzzaun vor 2010
- Mauer, Barriere oder Grenzzaun seit 2010
- Absperrung im Meer zur Abwehr von Migranten
- Mauer oder Barriere innerhalb einer Stadt

Quellen: *Atlas du monde de demain*, La Vie/Le Monde, 2013; compilation *La Vie*; *Courrier international* vom 24.09.2015

WELT DER MAUERN

Beim Fall der Berliner Mauer 1989 zählte man weltweit sechs gemauerte Grenzwälle. Heute sind es über siebzig. Ihre Zahl nimmt zwar weiter zu, nicht aber ihre Wirkung.

Oben
Seit 1974 trennt die sogenannte „Grüne Linie" die Insel Zypern in zwei Hälften, den türkischen und den griechischen Teil.

Linke Seite oben
Luftaufnahme der Mauer zwischen der palästinensischen Stadt Anata und Ostjerusalem.

Die Welt mauert sich ein. Eine fast obsessive Tendenz, so scheint es. Sechzig Prozent der Weltbevölkerung leben hinter gemauerten Grenzen. Manche verkündeten 1989 das Ende der Mauern, doch das hat sich mit den Attentaten vom 11. September 2001 und der Migrationskrise um das Jahr 2010 erledigt. Die Grenzmauern werden nicht nur mehr, sondern sie verändern sich auch. Sie fungieren heute weniger als ideologische Trennung wie seinerzeit in Berlin, sondern eher als protektionistische Barrikaden. Gewiss, es gibt Mauern als Bollwerk gegen Terrorismus und Schmuggel, wie die mit 3200 Kilometern längste Grenzbefestigung der Welt zwischen Indien und Bangladesch. Andere Mauern, Resultate festgefahrener Konflikte, dokumentieren einen Status quo und das Fehlen diplomatischer Lösungen, so wie die „Grüne Linie" in Zypern oder die „demilitarisierte Zone" zwischen Nord- und Südkorea. Doch die neuen Mauern dienen nicht mehr der Verhinderung von Flucht, sondern der Abwehr von Eindringlingen. Ihr Ziel ist die Ausgrenzung sogenannter Migranten – Männer, Frauen und Kinder, die vor Konflikten und unwürdigen Lebensbedingungen geflohen sind. Europa ist mit seinen rund eintausend Kilometern Mauern, die in den letzten zwanzig Jahren neu gebaut wurden, gut dabei. Doch haben diese neuen Mauern überhaupt eine Wirkung? Viele Experten bezweifeln das und kritisieren sie als politische und wahltaktische Werkzeuge. Der Mauerbau vermag wohl in den Augen der geschätzten Landsleute ein Gefühl von Schutz zu vermitteln, verlagert aber lediglich die Migrationsproblematik, ohne sie wirklich zu regeln. Und oft genug machen Mauern die Routen der Migranten nur umso gefährlicher und tödlicher. Zum besseren Verständnis: Die Menschen entscheiden sich deshalb für den riskanten Weg übers Mittelmeer, um dadurch die Grenzwälle von Ungarn, Griechenland oder den spanischen Enklaven Ceuta und Melilla zu umgehen. So haben die Mauern oft nur einen kurzen Placeboeffekt. Auf der anderen Seite bescheren sie lukrative Zukunftsmärkte vor allem im Hightech-Bereich, etwa für Bewegungsmelder, Überwachungskameras mit Gesichtserkennung oder Infrarotsysteme. 2018 wurden zur Grenzsicherung auf dem internationalen Markt 17,5 Milliarden Euro erzielt, das prognostizierte Wachstum lag bei mindestens achtzig Prozent.

Oben
Eine „große, schöne Mauer, unüberwindbar für diese Mexikaner", würde er bauen. So in etwa lautete 2016 ein Wahlkampfversprechen Donald Trumps.

Oben
Bilanz zum Zeitpunkt seiner (angefochtenen) Amtsübergabe: Nur 128 Kilometer Mauer sind unter Trumps Amtszeit tatsächlich neu entstanden.

EBLA, DIE DIENSTÄLTESTE MAUER

Dieser schmale Steinstreifen im heutigen Syrien ist die älteste uns bekannte Mauergrenze. Wem gehörte sie und was war ihr Zweck?

Es sind unauffällige, doch eindeutige Überreste einer sehr langen Mauer, kurz TLM („très long mur", so der französische Fachbegriff). Sie zieht sich in einem nach Osten ausgerichteten Bogen 220 Kilometer weit durch die aride Steppe zwischen den Ruinen einer Festung im Norden und den Ausläufern des Anti-Libanon-Gebirges im Süden. 2010 entdeckte ein Team französischer und syrischer Archäologen das Bauwerk, dem bis dahin weder Forschende noch die wenigen Reisenden in der Gegend Beachtung geschenkt hatten. In der Tat ist die Mauer nicht sehr breit (maximal einen Meter), nicht sehr hoch (maximal 1,5 Meter) und nicht sehr stabil, da sie ohne Mörtel aus den Trockensteinen der Umgebung gebaut wurde. Bemerkenswert ist die Länge dieser Mauer und vor allen Dingen ihre vermutete Datierung auf die frühe Bronzezeit, also auf das Ende des dritten Jahrtausends v. Chr., was sie zur ältesten territorialen Grenzziehung dieser Größenordnung macht. Doch ein paar Fragen sind noch offen. Ihre Beschaffenheit und das

Oben
Die 1964 entdeckte Ausgrabungsstätte Tell Mardikh/Ebla liegt sechzig Kilometer südlich von Aleppo in Syrien.

Rechts
Eine von über 15 000 im königlichen Archiv des Palasts von Ebla entdeckten Tontafeln.

Syrien

Über 5000 Jahre alt

Fehlen von Befestigungsanlagen führen zu der Vermutung, dass die Mauer kein Bollwerk zur Verteidigung gegen feindliche Armeen aus dem Osten gewesen sein konnte. Forschende schreiben ihr eher eine symbolische Funktion zu, etwa als Grenze zwischen zwei Welten, der Welt der Ackerbauern im Westen und der Welt der nomadischen Viehzüchter im Osten. Darüber hinaus muss sie einer außergewöhnlich mächtigen und gefürchteten Stadt gehört haben, die sich mit einer schwachen, unverteidigten Grenze begnügte. Vielleicht markierte sie die Ostgrenze des Königreichs von Ebla, das für sein Archiv mit über 15 000 Tontafeln berühmt ist? Andere halten sie für jünger und ordnen ihren Bau der sumerischen Stadt Ur zu. Fachleute bringen die Mauer, von wem auch immer errichtet, mit dem Schutz landwirtschaftlicher Anbauflächen in Zusammenhang. Die seinerzeit stark expandierenden Städte benötigten Lebensmittel und mussten daher an ihren Außengrenzen das wenig fruchtbare Land sichern, das ihnen die Nomaden streitig machten.

MAUERN DER RÖMER: HADRIANS- UND ANTONINUSWALL

Die von Kaiser Hadrian und später von Kaiser Antoninus erbauten Mauerwälle in Schottland sind die am besten erhaltenen und innovativsten „Limites“ der Römer.

Schottland

Die Grenzen des Römischen Reichs

Oben
Mittelalterliche Karte von England, 13. Jahrhundert. In der oberen Kartenhälfte sind die beiden Mauern eingezeichnet.

Rechte Seite
Die Ruinen des römischen Limes kurz vor Sonnenuntergang.

Nächste Doppelseite
Der symbolträchtige Sycamore Gap Tree am Hadrianswall, auch Robin-Hood-Baum genannt, fiel 2023 Vandalismus zum Opfer.

Der Begriff Limes (Plural Limites) bezeichnet die Außengrenzen der Römer zum Schutz vor barbarischen Ländern, auf deren Kolonisierung sie – zumindest vorübergehend – verzichteten. Zur Zeit der größten Ausdehnung des Römischen Reichs im 2. Jahrhundert n. Chr. zog sich der Limes auf 5000 Kilometern entlang der Ufer des Schwarzen Meers, des Roten Meers, des Rheins und der Donau bis hinauf zum heutigen Schottland. Der Limes war nicht durchgehend befestigt, sondern machte sich auch natürliche Grenzlinien zunutze: Flüsse, Wälder, Wüsten. Doch am nördlichsten Rand in Kaledonien, dem heutigen Schottland, erforderte das Gelände den Bau einer komplett künstlichen Wallanlage. Diese sollte die romanisierten Provinzen im Süden Britanniens vor den andauernden Überfällen der kaledonischen Krieger schützen. Der damalige römische Kaiser Hadrian, ein engagierter Bauherr, setzte lieber auf die Konsolidierung seines Reichs als auf Neueroberungen. In den Jahren 122 bis 127 n. Chr. ließ er zwischen der Irischen See und der Nordsee einen ca. 120 Kilometer langen Steinwall mit Festungen, Forts, Wachtürmen und Fahrwegen errichten. Von dem komplexen, strategischen Bauwerk sind bis heute bedeutende Überreste erhalten geblieben. Kaiser Antoninus, der streitbarer war als sein Adoptivvater, entschloss sich zum Angriff und zur Wiederbesetzung des südlichen Schottlands. Dazu baute er einen neuen, 60 Kilometer langen Limes weiter nördlich und stärker befestigt als der Hadrianswall. Den um 143 fertiggestellten Grenzwall bezwangen die Kaledonier bereits knapp zwanzig Jahre später, denn die römischen Legionen hatten ihn nach und nach aufgegeben und sich auf den südlicheren Wall zurückgezogen. Dieses Hin und Her zwischen den beiden Limites von Vater und Sohn dauerte bis zum Jahr 410, als die Römer ihre letzten Truppen aus Britannien abzogen.

China

Ungefähr 21 000 km

OFFENE TORE AN DER **CHINESISCHEN MAUER**

Die größte Mauer der Erde war unüberwindbar. Sie schützte China jahrtausendelang vor dem Feind, bevor man ihn freiwillig einließ.

Fachleute sprechen lieber von DEN Chinesischen Mauern, denn mindestens sechzehn dieser „Großen Mauern“ wurden im Laufe von rund 2000 Jahren gebaut. Ihre geschätzte Gesamtlänge von 21 000 Kilometern entspricht etwas mehr als der Hälfte des Erdumfangs. Das im 16. Jahrhundert von der Ming-Dynastie vollendete Bollwerk beschleunigte ein Jahrhundert später allerdings auch deren Untergang, obwohl in manchen Quellen von über einhundert Soldaten pro Mauerkilometer die Rede war, was sie eigentlich unüberwindbar machen sollte. Doch im 17. Jahrhundert ging der Ming-Dynastie, doppelt geschwächt wegen der Hungersnot und der unablässigen Angriffe mongolischer und mandschurischer Nomadenstämme, die Puste aus. Zeitgleich kam es zu einer Volks- und Bauernrevolte unter einem Rebellenführer aus dem Norden namens Li Zicheng, der im April 1644 Peking einnahm. Der letzte Kaiser Ming beschloss, seinem Leben ein Ende zu setzen, und erhängte sich an einem Baum hinter der Verbotenen Stadt. Daraufhin rief Li Zicheng die Shun-Dynastie aus und griff die Truppen des Oberbefehlshabers Wu Sangui an, die dem Verstorbenen die Treue hielten. Das Ende der Ming-Dynastie wurde am 27. Mai auf dem Shanhaiguan („Berg-und-Meer-Pass“) am nordöstlichen Ende der Chinesischen Mauer entschieden, als der General Wu Sangui, von den Rebellen bedroht, den mandschurischen Kaiser Qing zu Hilfe rief. Dieser willigte ein – unter der Bedingung, dass Wu Sangui sich auf die Seite der Mandschuren schlug. Da öffnete der General seinen einstigen Feinden die großen Tore der Chinesischen Mauer und errang dank ihrer Hilfe den Sieg. Im Anschluss wurde Peking zurückerobert und der kurzzeitige Bauernkaiser Li Zicheng ergriff die Flucht, bevor er unter ungeklärten Umständen von der Bildfläche verschwand. Bis zur Ausrufung der Republik 1912 regierte die Qing-Dynastie über das Reich der Mitte, dem sie durch die Einverleibung ihrer heimatlichen Gebiete im Norden zur größten territorialen Ausdehnung verhalf. Die Chinesische Mauer ist heute keine Grenze mehr, doch der Shanhaiguan-Pass zählt zu den besterhaltenen Abschnitten.

Oben
Luftaufnahme der Mauer, an das Landschaftsrelief geschmiegt.

Rechts
Verlauf der Chinesischen Mauer.

Rechte Seite
Der Mörtel des Mauerwerks war sehr wirksam: eine Mischung aus Kalk und … klebrigem Reis.

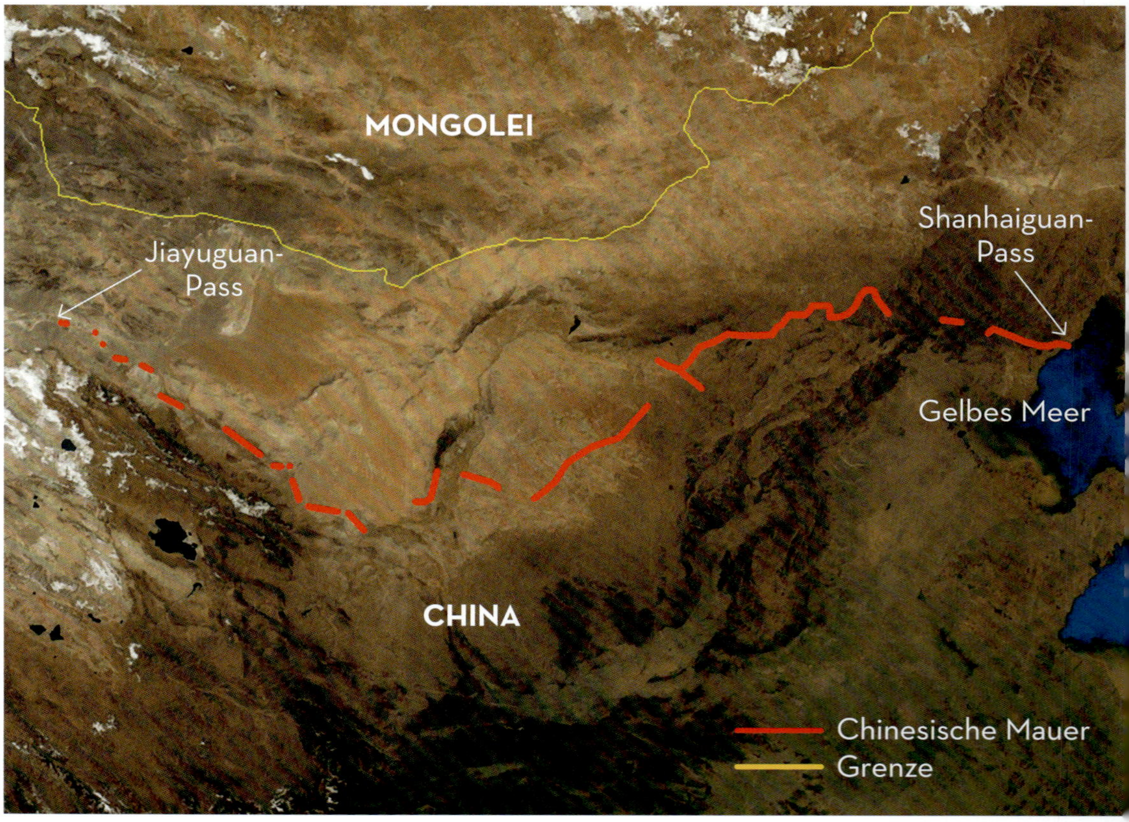

GOG UND MAGOG,
DIE MAUER IN DER APOKALYPSE

In antiken Schriften, in der Bibel und dem Koran, verkörpern die Gestalten Gog und Magog die Apokalypse. Eine Mauer schützt uns vor ihnen ... zumindest bis zum jüngsten Tag.

Imaginäre Welten

Die Mauer sei aus Bronze gewesen.

Oben
Darstellung von Gog und Magog in einem englischen Buch aus dem 19. Jahrhundert: Old and New London.

Linke Seite
Die Dschinn helfen Alexander dem Großen beim Bau einer Mauer zum Schutz der zivilisierten Völker. Persische Miniatur, 16. Jahrhundert.

Die Begegnung mit Gog und Magog, nach welcher Tradition auch immer, verheißt nichts Gutes. Die Herkunft ihrer Namen und ihre Bestimmung – mal sind es Personen, mal Völker, mal Orte – bleibt im Dunkeln. Nur eines ist gewiss: Es sind die Archetypen der primitiven Barbaren und sie verkünden das Ende aller Tage. In der Bibel erscheinen sie fünf Mal. Magog ist in der Genesis ein Sohn von Jafet, dem jüngsten der drei Söhne Noahs, der häufig als Urvater der Völker Kleinasiens gilt. In der Apokalypse ziehen die beiden vom Teufel verführten Völker Gog und Magog in den Krieg gegen die Menschen, die so zahlreich sind „wie Sand am Meer". Die Erzählungen im Koran sind kaum erfreulicher. Erwähnt sind Gog und Magog in der Sure 18, genannt „die Höhle", dem islamischen Pendant zur Apokalypse. Sie kämpfen gegen eine weitere Figur, Dhu l-Qarnain, „den mit zwei Hörnern", der von Gott als Herrscher über die Welt auserkoren war. Nach seiner Reise in den Westen zur Quelle der untergehenden Sonne begibt sich der Zweigehörnte an den äußersten Rand des Orients. Zwischen zwei Berghängen baut er eine eiserne Mauer, um Gog und Magog den Durchgang zu versperren. Am Ende aller Tage wird die Mauer brechen und die abgewehrten Geschöpfe werden über die Welt herfallen. Seit Jahrhunderten beschäftigt sich die Koranexegese mit der Frage nach der Identität des Zweigehörnten. War er ein Engel oder ein Mensch, ein König oder ein Prophet? Traditionell assoziiert man ihn mit Alexander dem Großen. Ab dem ersten Jahrhundert n. Chr. kursierte in den griechischen, persischen und syriakischen Kulturen die Legende einer Mauer Alexanders, erbaut am Rand der bekannten Welt gegen die Invasion barbarischer Nomaden. Wer Gog und Magog heute googelt, wird sehen, wie sehr die beiden weiterhin eine apokalyptische Literatur inspirieren, die nicht selten obskurantistische Ängste und Hass schürt.

EINE MAUER GEGEN DIE PEST

1720 fuhr die Grand Saint Antoine *mit der Pest an Bord im Hafen von Marseille ein. Einhundert Tage später war eine lange steinerne Pestmauer gegen die entsetzliche Seuche errichtet.*

In den Bergen des Vaucluse (Frankreich)

Innerhalb von 100 Tagen erbaut

Oben
Die große Pest von Marseille. Stich nach dem Werk von 1727 des Malers Jean-François de Troy (1679–1752).

Rechte Seite
Pestdoktor mit Mantel und Schnabelmaske, auf einem Meilenstein des historischen Wanderpfades eingraviert.

Nächste Doppelseite
Renovierter Abschnitt der Pestmauer vor der Gebirgskette des Lubéron.

Viren und Bakterien kennen keine Grenzen, tragen aber zur Entstehung gewaltiger Abgrenzungen bei. Die Coronakrise lehrte uns, dass Grenzkontrollen zur Eindämmung von Seuchen nicht der Vergangenheit angehören und dass sich die Bekämpfung von Epidemien erheblich an den früheren Maßnahmen orientiert. Als Anfang des 18. Jahrhunderts in Marseille und Umgebung die Pest wütete, schlossen die Behörden die Grenzen und nutzten einen Vorläufer des „pass sanitaire", des bis heute in Frankreich verwendeten Gesundheitspasses. Am 25. Mai 1720 kehrte das Schiff *Le Grand Saint Antoine* aus Syrien zurück, voll beladen mit Textilien für die große Messe in Beaucaire … und mit todbringenden Bakterien. Zwar wurde die Mannschaft unter Quarantäne gestellt, doch über herausgeschmuggelte Stoffe breitete sich die Seuche aus. Weil die Behörden den Warenhandel nicht behindern wollten, warteten sie bis Anfang Juli, bevor sie Marseille abriegelten. Zu dem Zeitpunkt hatte die Pest die Stadtgrenzen überwunden und breitete sich Richtung Avignon und Papstpalast aus. Zur Eindämmung der Seuche ordnete im März 1721 der Vizelegat des Pontifex den Bau einer Mauer zwischen der Durance und dem Mont Ventoux an. Fünfhundert Einwohner wurden für einhundert Tage rekrutiert und errichteten eine Trockensteinmauer von zwei Metern Höhe und 60 Zentimetern Tiefe. Die 27 Kilometer lange Pestmauer wurde von Soldaten bewacht, die jedem, der kein Gesundheitszeugnis vorweisen konnte, den Durchgang verwehrten. Resultat: Tatsächlich gelang es mit dieser Grenze, die Pest auszubremsen, wenngleich weniger stark als erhofft. 90 000 bis 120 000 von insgesamt rund 400 000 Bewohnern der Region fielen der Seuche zum Opfer. Im Comtat Venaissin allerdings, in der Umgebung von Carpentras, blieben viele Dörfer komplett verschont. Im Januar 1723 war die Epidemie überwunden und man gab die Pestmauer auf. Seit 1986 wird sie von ein paar Engagierten aus der Vergessenheit geholt und geduldig restauriert. Wanderern bietet sie einen wunderbaren Ausflug in die Vergangenheit sowie herrliche Ausblicke auf die Berge des Vaucluse, den Mont Ventoux und die Schluchten Gorges de la Nesque.

MUR DE LA PESTE

DIE **BERLINER MAUER**

„Mauer der Schande" für die einen, „antifaschistischer Schutzwall" für die anderen: Fast 30 Jahre lang durchschnitt die Berliner Mauer nicht nur eine Hauptstadt und ein Land, sondern Europa und die Welt.

Hier geht es um eine Zeit, die allen über Vierzigjährigen wohl vertraut ist. Eine Zeit, in der man in Europa getrennt lebte, entzweit durch einen eisernen Vorhang, der zum Ende des Zweiten Weltkriegs auf Europa niederging. Die Berliner Mauer, ein Sinnbild des Kalten Kriegs par excellence, wurde am 13. August 1961 innerhalb einer Nacht erbaut. Und sie fiel am 9. November 1989 ebenfalls in einer Nacht. Achtundzwanzig Jahre lang durchschnitt sie die Stadt, brachte Leid in Familien und bewog Menschen, die dem kommunistischen Joch entkommen wollten, zu irrsinnigen Fluchtversuchen. Eigentlich sollte die Mauer das Abwandern von Arbeitskräften aus der DDR in die benachbarte Bundesrepublik stoppen, in der die Lebensbedingungen wesentlich angenehmer waren. Die Idee dahinter war außerdem, die Enklave West-Berlin wirtschaftlich auszuhungern. Nach der sowjetischen Berlin-Blockade 1948/49 und der Teilung Deutschlands markierte die

Oben
Am Tag des Mauerfalls: Menschen aus Ost- und Westdeutschland begegnen sich oben auf der Mauer vor dem Brandenburger Tor.

Berlin (Deutschland)

Mauerfall: 9.11.1989

„Mauer der Schande“ den Höhepunkt der Spannungen zwischen den Westmächten und der UdSSR. Es war keine einfache, sondern eine doppelte Mauer, drei bis vier Meter hoch und 155 Kilometer lang. Militärische Überwachungssysteme mit Postenwegen, Stacheldraht, Beobachtungstürmen sowie 15 000 Wachposten und 600 Hunde verstärkten den Schutz. Über 5000 Menschen versuchten, den buchstäblichen „Todesstreifen“ zu überwinden. Die genaue Zahl der Toten ist nicht bekannt, von einhundert bis über eintausend ist je nach Quelle die Rede. Am 5. Februar 1989 starb Chris Gueffroi, das letzte Maueropfer, neun Monate vor dem Fall der Mauer, die durch die Krisen der Sowjetunion seit den 1980er-Jahren brüchiger geworden war. Damit wurde ein neues Kapitel in der Geschichte des 20. Jahrhunderts aufgeschlagen, das manche, naiv oder voreilig, als definitiven Sieg der demokratischen und liberalen Weltordnung in einer friedlichen Welt lasen. Paradoxerweise stand die Berliner Mauer während der längsten Friedensperiode Westeuropas.

МНЕ
СРЕДИ ЭТОЙ СМЕ
ЛЮБВИ.
GOTT, HILF MIR, DIESE
ZU ÜBERLEBEN

Oben
Viele Gedenkplaketten erinnern am Boden an den ehemaligen Verlauf der Berliner Mauer.

Links
Beton, Stacheldraht, Wachtürme: fast dreißig Jahre lang Alltag in Berlin.

Linke Seite
Die East Side Gallery, mit 1,3 Kilometern das längste erhaltene Teilstück der Berliner Mauer, ist ein echtes Open-Air-Museum und wurde von 118 Street-Art-Künstlerinnen und -Künstlern gestaltet. Hier der Bruderkuss zwischen den sowjetischen und ostdeutschen Regierungschefs 1979 zum 30. Jahrestag der DDR. Dmitri Vrubel, 1990.

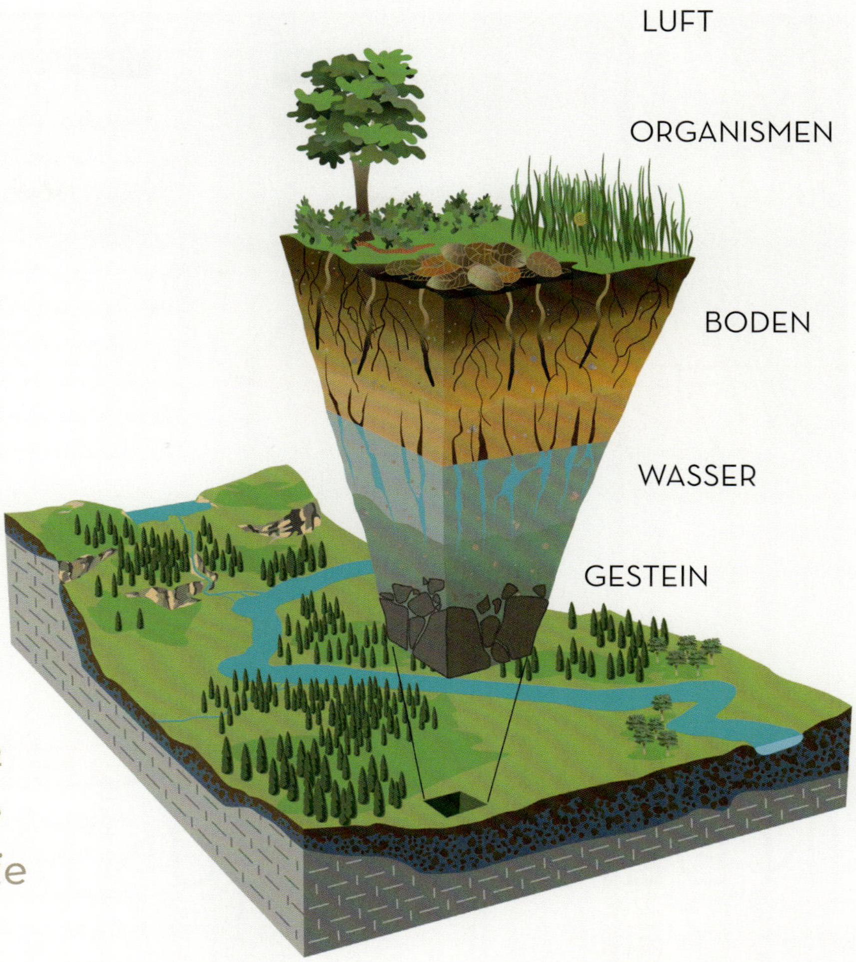

GEFANGEN IN DER KRITISCHEN ZONE

„Critical Zone" wird der einzige bewohnbare Bereich der Erde zwischen Erdkruste und Atmosphäre genannt. Sie benötigt unser aller Schutz.

Weltweit

Sie beherbergt alles Leben auf der Erde.

Diese feine Haut, zwei bis drei Kilometer über und unter der Erdoberfläche, ist noch nicht exakt definiert und bedroht. Hauchdünn, jedoch sehr vital. Nur hier und nirgendwo sonst kann Leben gedeihen und nur hier kann die Menschheit weiter darauf hoffen, Landwirtschaft zu betreiben, Häuser zu bauen oder Gesellschaften zu gründen. Kurz gesagt, zu existieren. Die kritische Zone ist die poröse „Haut" unseres Planeten, der Bereich um die Erdoberfläche mit den Gesteinsschichten darunter und der erdnahen Atmosphäre darüber. Es sind die Böden, die sichtbaren und unsichtbaren Ökosysteme wie Pilze oder Bakterien, die Gletscher, Feuchtgebiete und Flüsse, das Grundwasser … und natürlich wir Menschen, die wir leider nicht immer sehr glücklich agieren. Denn die kritische Zone ist von Wechselwirkungen gekennzeichnet, sie ist hochgradig reaktionsfähig und extrem komplex. Alles interagiert miteinander, die Mineralien im Gestein, die atmosphärischen Gase, das Tiefen- und das Oberflächenwasser. Dies prägt die Habitate sämtlicher Lebewesen. Die hier stattfindenden biologischen, physikalischen und chemischen Reaktionen haben den Planeten bewohnbar gemacht und werden auch über seine zukünftige Bewohnbarkeit entscheiden. Der Begriff „Critical Zone" wurde 2001 eingeführt, um die Trennung hochspezialisierter Disziplinen wie Geologie, Geomorphologie, Agronomie, Hydrologie, Biologie oder auch Ökologie aufzuheben, die sich allesamt mit diesem Bereich beschäftigen. Ziel ist es, globalere Untersuchungen der in der kritischen Zone stattfindenden Prozesse zu erleichtern. Seither entstehen überall auf der Welt multidisziplinäre Stationen zur Beobachtung der kritischen Zone. Ihre Bezeichnung war nie so treffend wie im Zeitalter des Anthropozäns. Die neue geochronologische Ära sieht den Menschen als Haupteinflussfaktor für die Veränderungsprozesse der Erde. Es gibt keinen Planeten B. In dieser Zone, deren Geologie und Atmosphäre wir gefährlich verändern, stecken wir für immer und ewig fest. Wir sind dort regelrecht gefangen, sagen manche Experten. Sie fordern eine neue Weltordnung zwischen Mensch und Natur. Wir müssen an diesem Ort wohnen, aber anders. Sonst fahren wir alle gegen die Wand.

Oben
Schnittdiagramm der kritischen Zone.

Linke Seite
Eine geschützte Naturschönheit: „Brautschleier"-Wasserfall im Yosemite-Nationalpark, Kalifornien.

UNSICHTBARE SCHRANKEN
IN DEN „INVOLUNTARY PARKS“

Als „unfreiwillige Parks“, ursprünglich ein Begriff aus der Science-Fiction-Welt, bezeichnen wir vom Menschen verwüstete Landstriche, in denen bedrohte Arten heute neue Rückzugsräume finden.

Weltweit

Von der Natur zurückerobert

Oben
Wölfe im Winter in Tschernobyl.

Rechte Seite oben
Rocky Mountain Arsenal, eine alte Chemiewaffenfabrik am Stadtrand von Denver, wurde zum Wildtierreservat.

Rechte Seite unten
Ein Fuchs ergreift von den Straßen in Tschernobyl Besitz.

In der dreißig Kilometer breiten Sperrzone um Tschernobyl existiert kein *Homo sapiens* mehr. Dafür gibt es Przewalski-Pferde, die entfernt mit den Einhufern auf prähistorischen Felsmalereien verwandt und weltweit vom Aussterben bedroht sind. Auch weißschwänzige Seeadler leben hier und Eurasische Wölfe streunen durch die Städte und Wälder, die seit der Katastrophe von 1986 wegen radioaktiver Strahlung verlassen wurden. In der 1953 gezogenen Demilitarisierten Zone (DMZ) zwischen Nord- und Südkorea tummeln sich heute Mandschurenkraniche zwischen Schwarzbären, Amur-Leoparden und Sibirischen Tigern, allesamt ebenfalls bedrohte Arten. Das Gelände Rocky Flats bei Denver in den USA, eine ehemalige Atomwaffen- und Chemiewaffenfabrik, wurde zum Wildtierreservat. Und die Liste der Schutzzonen, in denen sich infolge von wirtschaftlichen Zusammenbrüchen, Umweltkatastrophen oder Technologieunfällen die Natur ihre Rechte zurückholt, lässt sich weiter fortführen: Die Grüne Linie, die Zypern seit 1974 in einen griechischen und einen türkischen Teil trennt, ist heute eine Oase für Wildtiere und die in den 1980er-Jahren mit Dioxin verseuchte Phantomstadt Times Beach in Missouri ein Vogelreservat … „Spontane Renaturierung“ nennt man in der Wissenschaft dieses Phänomen. Solche Gebiete sind aber mitnichten paradiesisch. Die Minenfelder in der DMZ oder die radioaktive Strahlung in Tschernobyl haben Auswirkungen auf die Flora und Fauna, die diese Gebiete zurückerobern. Trotzdem inspirieren diese „unfreiwilligen Parks“ einige Ökologen zu neuen Wegen im Kampf gegen das Artensterben. Warum nicht, statt immer alles kontrollieren zu wollen, die Landschaften komplett der Natur überlassen, um auf diese Weise zu der Dynamik vor der Zeit des Anthropozäns zurückzukehren? Dieser Weg mag radikal klingen, aber er gewinnt zunehmend an Boden: „Rückverwilderung“ von Grenzräumen zum besseren Schutz unseres Planeten.

TERRAE INCOGNITAE **IM 21. JAHRHUNDERT**

Dieses 21. Jahrhundert präsentiert uns die rundum kartografierte Welt mit wenigen Klicks. Läutet es das Ende der Erforschungen ein? Nein, lautet die einhellige Antwort der Hauptakteure. Es gibt weiterhin Randregionen, die uns unbekannt sind oder gar für immer unantastbar bleiben. Die Frage ist vielmehr, wie wir fortan als verantwortliche Entdecker all die Geheimnisse aufspüren, die sich noch unter, auf und jenseits der Erde vor uns verbergen. Die sportlichen, ökologischen und wissenschaftlichen Herausforderungen der Zukunft verweisen auf ein neues Zeitalter der Erforschung und auf den unbedingten Schutz alles neu Entdeckten.

DIE CORDILLERA DARWIN, **WEISS UND UNBERÜHRT**

2011 wurde auf einer der letzten unbezwungenen Gebirgsketten eine Trikolore gehisst. Sechs Soldaten einer französischen Militärexpedition war die Überquerung der Cordillera Darwin gelungen.

Feuerland (Chile)

75 Kilogramm Ausrüstung

Oben

Feuerland, eine Inselgruppe zwischen Argentinien und Chile an der Südspitze des südamerikanischen Kontinents.

Linke Seite

Ihre Expedition, so die Bergsteiger, stand nicht auf Messers Schneide, sondern stets „auf Darwins Schneide".

Die Groupe Militaire de Haute Montagne (GMHM), eine in Chamonix stationierte Hochgebirgseinheit des französischen Militärs, gehört zur Elite des Alpinismus. Die Bergsteiger sind absolute Spezialisten für schwieriges Gelände und eisige Kälte. Doch die extremen Bedingungen auf ihrer Expedition im Oktober 2011 übertrafen alles, was die sechs Männer bislang erfahren hatten. Sie erlebten „vier Jahreszeiten an einem Tag", fast ununterbrochenen Schneefall, polare Kälte, heftige Winde und oft keinerlei Sicht. Dazu kamen typische Gefahren im Hochgebirge wie Lawinen, versteckte Gletscherspalten oder Eisstürze, die in den südlichen Ausläufern der Anden besonders häufig sind. 150 Kilometer weit erstreckt sich die weiße Hölle von Westen nach Osten zwischen der Magellanstraße und dem Beagle-Kanal. Für das indigene, fast ausgestorbene Volk der Kawésqar ist es das Reich des unheilvollen Berg- und Gletschergeistes Mwono. Keiner hatte je die Cordillera Darwin in Längsrichtung bezwungen. Ein Jahr lang widmeten sich die sechs Soldaten der Erkundung mithilfe von Satellitenaufnahmen der nur ungenau kartografierten Region und absolvierten ein intensives Wintertraining in Norwegen. Danach stürzten sie sich für einen Monat in die unbekannte Gletscherwelt, in völliger Autonomie und ohne große Hoffnung auf Rettung durch Hubschrauber, falls sie in Schwierigkeiten gerieten. Wie bei einer Achterbahn führte ihre Route meist auf den Bergkämmen unaufhörlich auf und ab. Tag und Nacht angeseilt und mit 75 Kilogramm Ausrüstung auf Rücken und Schlitten, quälten sie sich vorwärts und zweifelten eineinhalb Monate am Erfolg ihrer „auf Darwins Schneide" genannten Expedition. Die chilenische Bergkette trägt den Namen des Naturforschers, der 1832 auf seiner Weltumseglung an Bord der *Beagle* die „eisige Einsamkeit" vom Meer aus betrachtete und dem dabei eher „der Tod statt das Leben" in den Sinn kam.

Oben
Mitten im Reich des unheilvollen Berg- und Gletschergeistes Mwono.

Rechte Seite oben
Die Beagle auf der Fahrt vor der Küste von Feuerland. Im Hintergrund die Eisfelder des Monte Sarmiento (Cordillera Darwin). Aquarell aus dem 19. Jahrhundert.

Rechte Seite unten
Aktuelle Ansicht von Feuerland.

Oben
Die sechs Gipfelstürmer auf der Cordillera Darwin.

Links
Die Ausrüstung auf dem Rücken und auf Schlitten fixiert, erklimmen sie eine fast senkrechte Eiswand.

Linke Seite oben und unten
„Vier Jahreszeiten … an einem Tag."

GESELLSCHAFT DER **FRANZÖSISCHEN ENTDECKER**

Aktiver denn je widmet sich heute die „Société des explorateurs français“ ihrer Mission, den Abenteuergeist zu beleben, zu fördern und zu verbreiten.

Frankreich | 1937 gegründet

Oben
Ein Pionier des ethnologischen Films: Fünfzig Jahre seines Lebens filmte Jacques Villeminot die Aborigines von Australien und die Papua von Neuguinea.

Rechte Seite oben
Die „Gesellschaft der französischen Entdecker“ hat ihren Sitz im Gebäude der „Geografischen Gesellschaft“ in Paris, im Herzen des Quartier Latin.

Rechte Seite unten
Auf der Clipperton-Insel weht der Wimpel der „Société des explorateurs français“ in den Farben der französischen Trikolore.

Wer sich für unberührte Gipfel begeistert, für vergessene Völker und versunkene Welten, wer tiefe Urwälder liebt und auf ausgefallenen Wegen reist, ist bei der „Société des explorateurs français“ genau richtig. Vorausgesetzt, ein Platz ist frei, denn die Gesellschaft nimmt nicht mehr als 300 Mitglieder auf. Viele Aktivitäten wie Konferenzen, Filme, Festivals und Publikationen sind für die Öffentlichkeit zugänglich, doch die Mitgliedschaft unterliegt strengen Auswahlkriterien. Sie ist nur Extremabenteurern vorbehalten, die in die verborgensten Winkel des Planeten vordringen. Gegründet wurde die Société 1937 von den größten Entdeckern jener Epoche. Am Eröffnungsabend in der Salle Pleyel in Paris waren einige von ihnen anwesend: Paul-Émile Victor, er hatte bei Eskimojägern vierzehn Monate lang alleine überwintert. Théodore Monod, er war nach seiner Expedition ins „Land der Angst und des Durstes“ gerade erst vom Rücken der Dromedare gestiegen. Oder auch Marcel Griaule, der die Mission Dakar-Dschibuti geleitet hatte. Die „Gesellschaft der französischen Entdecker“, die mittlerweile als gemeinnützig anerkannt ist, vertritt nach wie vor ihren ursprünglichen Glaubenssatz: die Zusammenführung der Ergebnisse von Expeditionen, von wissenschaftlichen Forschungen und menschlichen Abenteuern zum Zwecke des Fortschritts und gegenseitigen Austauschs. Die Entdecker-Gesellschaft kommt in den Räumlichkeiten der „Geografischen Gesellschaft“ in Paris zusammen. Dort können sich die Wissenschaftler, Reiseschriftsteller, Journalisten, Fotografen, Regisseure und Diplomaten begegnen. Sie alle teilen die Überzeugung, dass der Abenteuergeist, die Risikobereitschaft und die Freude am Vermitteln eigener Erfahrungen keineswegs antiquierte Werte und Beweggründe sind. Ebensowenig hat das Entdeckertum zu Beginn des dritten Jahrtausends seinen Sinn verloren, sondern es mündet vielmehr in eine neue Ära und geht stets mit dem Schutz des Entdeckten einher. Aus diesem Grund vergibt der Club der Entdecker vor allem an junge Abenteurer Stipendien und Patenschaften als Ansporn dafür, dass sie die Welt von morgen ausgiebig bereisen und erkunden.

SOCIÉTÉ DE GÉOGRAPHIE
Société de Géographie

MOUNT LICO: ENTDECKT MITTELS FERNERKUNDUNG

Der tropische Regenwald auf dem Mount Lico in Mosambik, den steile Granitfelsen wie eine Festung vor menschlichen Eindringlingen schützen, wurde 2012 entdeckt … mit der Computermaus.

Mosambik

Erstmalig 2018 erkundet

Oben
Satellitenbild des Mount Lico. März 2020.

Linke Seite oben
Eine Festung aus Granit, auf der ein unberührter tropischer Regenwald eingebettet liegt.

Linke Seite unten
Professor Julian Bayliss beim Schließen einer Schmetterlingsfalle am Rand der Steilklippen auf dem Mount Lico. Der Köder? Fermentierte Bananen.

Über Google Earth einen Berg aufzuspüren, war für Julian Bayliss keine Premiere. Bereits 2005 hatte der Forscher aus Wales, Experte für Schmetterlinge und die satellitengestützte Erkundung unberührter Naturräume, die ebenfalls in Mosambik liegende Region um den Mount Mabu ausfindig gemacht. 2012 wiederholte er das Kunststück mit dem Mount Lico, erneut vom Bildschirm aus. Dank der Software Google Earth, mit der sich Geodaten visualisieren lassen, entdeckte Bayliss inmitten einer Ebene eine 1100 Meter hohe Bergformation, auf deren Gipfel, gut geschützt durch 700 Meter hohe Steilwände, ein 30 Hektar großer Regenwald scheinbar unberührt schlummert. Sechs Jahre investierte Bayliss in die Vorbereitung seiner Expedition, für die er knapp dreißig internationale Experten unterschiedlicher Fachrichtungen zusammentrommelte. Auch zwei Bergsteiger rekrutierte er, die den Anstieg über die Granitwände für die kletterunerfahrenen Wissenschaftler präparierten. Oben angelangt, verfolgte das Team drei Ziele: das Sammeln von Daten zum verbesserten Schutz der mosambikanischen Regenwälder, das Entdecken neuer Tier- und Pflanzenarten und vor allem das Untersuchen der Auswirkungen von Klimaveränderungen. Anhand von Felsbohrungen konnten sie in den Gesteinsschichten „wie in einem Geschichtsbuch“ lesen. Mount Lico ist eine „Zeitkapsel“ und gewährt einmalige Einblicke in die Art und Weise, wie tropische Wälder lange Zeit und ohne jede unmittelbare Störung durch Menschen auf den Klimawandel reagieren. Ohne jede Störung? Sicher ist das nicht. Zu ihrer Überraschung entdeckten Bayliss und sein Team auf dem Gipfel einige Gefäße, die in zeremonieller Weise um eine Quelle platziert waren. Zu religiösen Zwecken? Und aus welcher Zeit? In der Erinnerung der Einheimischen hat keine Menschenseele je diesen Berg bestiegen. Wie auch, ist er doch selbst für erfahrene, gut ausgerüstete Bergsteiger schier unerreichbar. Zu diesen Fragen schweigt sich der Mount Lico bislang aus.

Oben
Die Aufstiegsroute wurde von zwei der berühmtesten Kletterer Großbritanniens installiert. Dennoch war für die meisten Forscher der Aufstieg auf den Mount Lico sehr beschwerlich.

Links
Eines der im Regenwald auf Mount Lico gefundenen mysteriösen Gefäße. Das Team ließ sie für Untersuchungen durch mosambikanische Anthropologen exakt an ihrem Fundort liegen.

Linke Seite
Der Mount Lico liegt im Herzen des Distrikts Alto Molocue in der Provinz Zambezia, im Norden von Mosambik.

Madagaskar

Über 2000 Tier- und Pflanzenarten

Rechts
Ein Heißluftballon fliegt über dem Makay.

EIN LETZTER GARTEN EDEN IM MAKAY-MASSIV

Erst seit rund zehn Jahren wird diese weitestgehend unbekannte und extrem bedrohte Oase der Artenvielfalt wissenschaftlich erforscht.

Das zerklüftete Relief zwischen zuckerhutförmigen Erhebungen und tief eingeschnittenen Tälern im Südwesten Madagaskars, das die Erosion vor rund 200 Millionen Jahren formte, erinnert aus der Luft betrachtet an ein riesiges Gehirn. Tatsächlich handelt es sich um ein 4000 Quadratkilometer großes Schluchtenlabyrinth, in dem sich ein unvergleichliches Mosaik der Biodiversität verbirgt. Von den mehr als zweitausend Arten sind über einhundert endemisch und den Wissenschaftlern noch völlig unbekannt. Darüber hinaus fand man in etwa fünfzig Höhlen die frühesten Höhlenmalereien Madagaskars. Diese bezeugen die Präsenz des Menschen im Makay-Massiv vor sehr langer Zeit, obgleich es äußerst schwer zugänglich ist. Die in Madagaskar berühmt-berüchtigten Wilderer von Zebus (Buckelrindern) wissen das sehr wohl und nutzen das Gebiet gerne als Versteck. Seine Erkundung und mediale Aufmerksamkeit verdankt das Makay den wissenschaftlichen Expeditionen des Franzosen Evrard Wendenbaum. Unablässig setzt sich der „Abenteurer der verlorenen Welten“ seit 2007 mit seiner NGO *Naturevolution* für den Schutz des massiv bedrohten „Tresors der Biodiversität“ ein, dessen unermesslicher Artenreichtum noch nicht einmal inventarisiert ist. Wie so oft geht die Bedrohung von menschlichen Aktivitäten aus, insbesondere von der Brandrodung durch die lokale Bevölkerung, die diese aufgrund der unsicheren Ernährungslage betreibt. Dadurch werden die Savannen zerstört und die Primärwälder in Weideland verwandelt. 2017 trug Wendenbaum mit der Einrichtung des Schutzgebiets „Nouvelle Aire Protégée du Makay“, dessen Verwaltung seiner NGO unterstellt wurde, einen ersten Sieg davon. Doch der Kampf geht weiter um die Rettung des „letzten Garten Eden“, dessen Überleben nur unser schnelles Eingreifen sicherstellen kann.

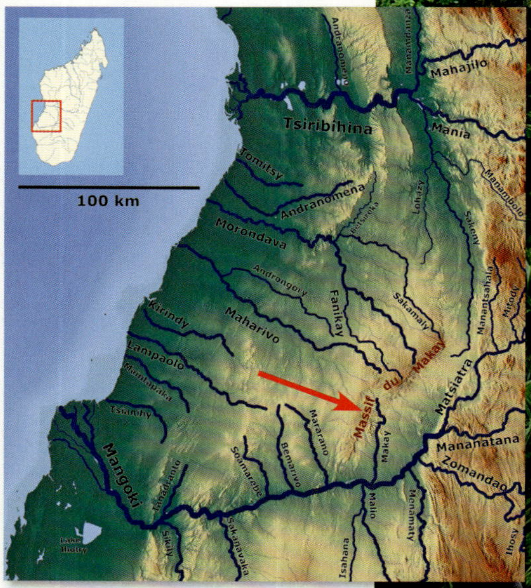

Oben
Im Schluchtenlabyrinth des Makay-Massivs.

Rechts
Der Katta mit seinem auffälligen quergestreiften Schwanz gehört zu den Lemuren. Er sieht toll aus, aber wenn er will, kann er einen heftigen Gestank absondern!

Rechte Seite
Die Erosion modellierte dieses außergewöhnlich zerklüftete Relief.

Andamanen und Nikobaren (Indien)

Die Insulaner greifen jeden Eindringling sofort an.

INDIGENER WIDERSTAND AUF NORTH SENTINEL ISLAND

Auf der Insel North Sentinel im Golf von Bengalen setzen sich bis heute unbeugsame Jäger und Sammler mit Pfeilen gegen die Moderne zur Wehr.

Rechts
Eine seltenes Foto zeigt die Eingeborenen von North Sentinel Island, aufgenommen aus respektvoller Entfernung, um nicht von Pfeilen getroffen zu werden.

Rechte Seite
Karte des Indischen Ozeans von 1770, u. a. mit der Inselkette der Andamanen. North Sentinel Island ist darauf nicht namentlich erwähnt.

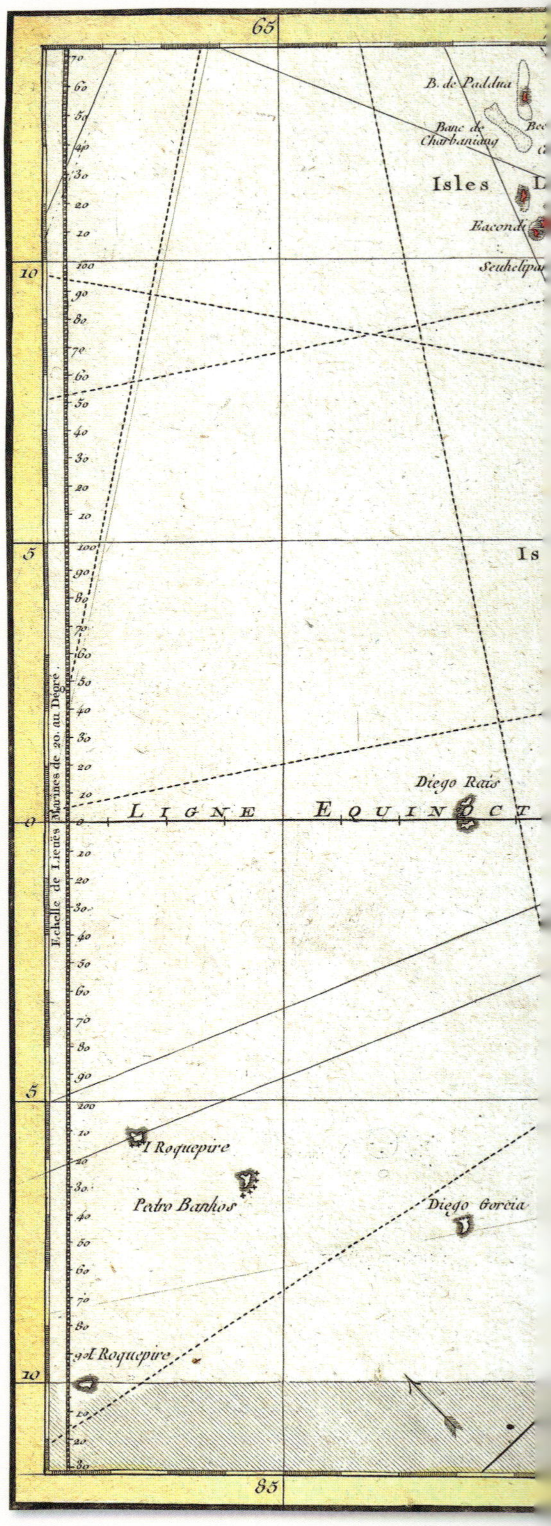

John Allen Chau, ein amerikanischer Missionar, war bislang das letzte Opfer der Sentinelesen. Der knapp Dreißigjährige fühlte sich im November 2018 etwas erleuchtet und dazu berufen, die „letzte Bastion des Satans", wie er in seinem privaten Tagebuch schrieb, zu evangelisieren. Einige Genetiker halten sie eher für die letzte Bastion der direkten Nachfahren der ersten Menschen, die im Paläolithikum von Afrika nach Asien ausgewandert waren. Seit 50 000 Jahren fristet das maximal 200 Personen zählende Volk auf der nur sechzig Quadratkilometer großen indischen Andamanen-Insel ein Jäger-Sammler-Dasein. Jahrhundertelang verteidigten sie ihr Territorium gegen chinesische, malayische und birmesische Seefahrer, die plündernd an ihren Küsten unterwegs waren, und danach gegen das britische Empire, das die Insel unterwerfen wollte. Bis heute schießen die Sentilesen mit ihren Speeren und Pfeilen auf jeden Besucher. Einzig dem indischen Anthropologen Triloknath Pandit gelang es 1991, sich friedlich anzunähern, doch bei seinem erneuten Versuch 1997 flammten die Feindseligkeiten wieder auf und Pandit zog sich zurück. 2004 bedrohten die Sentinelesen einen indischen

Hubschrauber beim Kontrollflug über die Insel zur Begutachtung der Schäden des Tsunamis, der das Volk für immer hätte ausradieren können. 2006 wurden zwei Fischer in ihrem Boot im Schlaf zu nahe an das Ufer von North Sentinel getrieben und dort umgebracht. Im Jahr 2013 richtete die indische Regierung eine fünf Kilometer breite Sicherheitszone um die Insel ein und untersagte jeden Kontakt mit dem isolierten Volk. Die Wildheit des wehrhaften Volks kommt gewiss nicht von ungefähr. Laut Anthropologen brannten sich die britischen Kolonialisierungsversuche und die grausame Verschleppung einiger Sentinelesen Ende des 19. Jahrhunderts durch Maurice Vidal Portman, den damaligen Verwalter der Andamanen, ins kollektive Gedächtnis des Volks ein. Heute werden die benachbarten Jarawa, das letzte „befriedete" Volk der Andamanen, trotz der vorhandenen Schutzgesetze zum Opfer regelrechter Menschensafaris durch indische Touristen. „Die Sentinelesen sind ein friedliches Volk", erklärte Triloknath Pandit nach Chaus Tod gegenüber der Presse. „Sie stehen keinem Entwicklungsprojekt im Wege. Weshalb sollte man bei ihnen picknicken wollen?"

ERSTKONTAKT IM JAVARI-TAL

Das Javari-Tal im brasilianischen Bundesstaat Amazonas an der Grenze zu Peru weist die weltweit höchste Konzentration isoliert lebender indigener Völker auf. Sollen wir mit ihnen in Kontakt treten?

Im August 2018 machte ein mit einer Drohne gefilmtes Video im Internet die Runde: Ein paar Männer überqueren eine Lichtung im Herzen des Vale do Javari, in einem der unzugänglichsten Gebiete Amazoniens. Auf weiteren Bildern sind eine strohgedeckte Hütte, mehrere Äxte und Pirogen, also Einbäume, zu sehen. Verbreitet wurden die Aufnahmen von FUNAI, der brasilianischen Agentur zum Schutz autochthoner Völker, um die Entdeckung eines neuen unkontaktierten Volks zu zeigen. Bereits elf solcher „isolierter" Völker wurden in der Region gezählt, ein weltweiter Rekord. Um sich den Indigenen zu nähern, bewältigte das FUNAI-Team 180 Kilometer in Fahrzeugen über Flüsse und an Land sowie weitere 120 Kilometer zu Fuß durch die Wälder. Am Ende ihres Hindernislaufs wartete eine einzige Frage auf sie: Sollten sie mit dem Volk in Kontakt treten? Andere isolierte Stämme hatte FUNAI bereits zu deren Schutz kontaktiert. Denn nicht nur die Agrar-, Forst- und Rohstoffindustrie, sondern auch Drogendealer und Krankheitskeime bedrohen

Oben
Das Javari-Tal: Über 85 000 Quadratkilometer Regenwald, ein riesiger indigener Lebensraum, wird von Drogenschmuggel, illegalem Fischfang und Goldwäscherei bedroht.

Javari-Tal (Brasilien)

Erkundung mit größtem Respekt

die indigenen Bewohner. Wegen ihrer Evolution in Abgeschiedenheit sind eingeschleppte Infektionen fatal für ihr Immunsystem. Die erwähnten „Sertanistas“, wie die Erkunder in den brasilianischen Grenzgebieten genannt werden, sind strikt gegen eine Kontaktaufnahme, auch wenn die Eingliederung dieser Völker in die „moderne Welt“ letztendlich unausweichlich scheint. Der bekannteste und militanteste Sertanista, Sydney Possuelo, der früher bei FUNAI für die isolierten Völker verantwortlich war, hat den Zusammenbruch kompletter ethnischer Gemeinschaften miterlebt. Für ihn ist die Kontaktaufnahme der erste Schritt zur Zerstörung der indigenen Welt. Zu welchem Zweck würden wir mit einer friedlich lebenden und unbedrohten Volksgruppe in Kontakt treten wollen? Zudem machen die indigenen Völker häufig deutlich, dass sie weiterhin isoliert leben wollen. Je länger sie unkontaktiert bleiben dürfen, sagt Possuelo, desto mehr Zeit haben wir dafür, die Frage nach deren Recht auf Glück neu zu überdenken.

Oben
Eine Hütte der isolierten indigenen Bevölkerung im Herzen des Javari-Tals.

Links
Sydney Possuelo sitzt in der Mitte der Piroge, auf dem Jutaí flussabwärts im Javari-Tal.

Linke Seite
Indigene vom Volk der Korubo. 1996 trat Sydney Possuelo zum ersten Mal mit ihnen in Kontakt.

SARAWAK, LABYRINTH UNTER DER ERDE

1979 entdeckte man in Malaysia ein immenses unterirdisches Höhlensystem mit spektakulären Passagen und Räumen, die sicher zur Hälfte noch nicht erforscht sind.

Willkommen in Sarawak, im Nationalpark Gunung Mulu im Herzen der Insel Borneo. Unter dem Karstsockel des Dschungels und der Bergmassive liegt ein atemberaubendes Höhlensystem verborgen, eine eigene hell-dunkle Welt, feucht und warm (26 °C), von überwältigenden Proportionen. Dazu gehört die seit 1961 bekannte, gut zwei Kilometer lange Deer Cave, die lange Zeit als größte Höhle der Welt galt, bevor die Son-Doong-Höhle in Vietnam sie auf Platz zwei verwies. Doch das Höhlensystem hält weiterhin Rekorde: Die berühmte Sarawak Chamber ist die größte abgeschlossene Hohlkammer unseres Planeten und viele Passagen sind noch gar nicht entdeckt. Sie ist 600 Meter lang, 400 Meter breit, 150 Meter hoch und damit doppelt so groß wie das Wembley-Stadion. Man verzeihe die englische Vergleichsgröße, doch entdeckt hatte diesen unterirdischen Garten Eden ein Brite. Andrew Eavis, ein passionierter Speläologe, über siebzig und eine Koryphäe auf dem Gebiet, ist sich sicher: Es gibt keinen vergleichbaren Ort auf – und unter – der Erde. Noch dazu ist der größte Teil bisher nicht erkundet, ein Projekt, dem sich Eavis mit seinen Teams bis heute widmet. Sie versuchen, einige Hohlräume zu „Supersystemen" zu verbinden, wie es im Fachjargon heißt. Ihr Ziel ist die umfassende Kartografierung des Labyrinths. Ein Lebensprojekt für den unermüdlichen Botschafter unterirdischer Welten und eine Familiensache: Sohn Robert nahm bereits an Expeditionen teil. Der Nachwuchs steht bereit und will das außergewöhnliche Höhlenabenteuer vollenden, das fast zufällig begonnen hatte. 1979 war eine Gruppe junger britischer Forscher, darunter Eavis, nach Sarawak gekommen, um dem gerade erst unabhängig gewordenen Malaysia bei der Arbeit im neuen Nationalpark zu helfen. Die moderne Speläologie war kaum mehr als hundert Jahre alt und die Ausrüstung steckte in den Anfängen, was die Errungenschaften der Höhlenpioniere nur umso beeindruckender macht. Ob es die technische Entwicklung eines Tages ermöglicht, auch in die hintersten Winkel des Sawarak-Labyrinths zu gelangen?

Links und nächste Doppelseite
Ein unterirdisches Höhlennetz von überdimensionalen Ausmaßen.

GANGKHAR PUENSUM, JUNGFRÄULICH IN ALLE EWIGKEIT

Der Gipfel des Gangkhar Puensum auf 7570 Metern Höhe zwischen China und Bhutan wurde noch nie bestiegen. So soll es auch bleiben.

Im östlichen Himalaja, zwischen dem Norden Bhutans und dem Südwesten der autonomen chinesischen Region Tibet, thront der Gangkhar Puensum. Er ist der höchste unbestiegene Berg der Erde und ein gegenwärtig unantastbares Dach der Welt. Der Grund dafür ist, dass 1994 Buthan, das Reich des „Bruttonationalglücks", jeden Anstieg oberhalb von 6000 Metern Höhe verboten hatte, da die Gipfel der Berge als Wohnstätten der Götter heilig sind. 2003 untersagte das Königreich im Himalaja sogar grundsätzlich das Bergsteigen und wurde zu dem Land mit den weltweit strengsten Regeln, was den Zutritt zur Gebirgswelt betrifft. Das Zeitfenster, um den vierzighöchsten Berg der Erde

Oben
Aktuell ist ein Überflug die einzige Möglichkeit, sich dem Gipfel zu nähern.

Zwischen Bhutan und Tibet

Nur vier Expeditionen

zu bezwingen, war demnach nicht sehr groß und nur vier Expeditionen wagten 1985 und 1986 ihr Glück. Die erste Expedition, aus Japan kommend, trat weniger als 1000 Meter vor dem Gipfel, den Rückzug an, weil ein Teilnehmer ein Lungenödem bekommen hatte. Eine zweite, von National Geographic gesponserte Expedition scheiterte an unbrauchbarem Kartenmaterial und die beiden letzten Expeditionen gaben aufgrund der miserablen Witterung ihr Vorhaben auf. Doch Bergsteiger sind eine hartnäckige und ziemlich gewiefte Spezies. 1998 nahm ein japanisches Team den Gangkhar Puensum über seine tibetanische Seite in Angriff. Die chinesischen Behörden hatten grünes Licht gegeben, doch angesichts der bhutanischen Proteste und unter mysteriösen Umständen zogen sie sich wieder zurück. Ein Expeditionsteilnehmer schrieb von „einem politischen Problem“, was bedeutet, dass er nicht mehr darüber sagen konnte. Er wich damals mit seinen Mitstreitern auf den 7534 Meter hohen und seinerzeit jungfräulichen Liangkang Kangri aus, der zu einhundert Prozent in Tibet liegt. Zum Zeitpunkt des Verfassens dieser Zeilen, wie man so schön sagt, ist der Muchu Chhish der höchste unbestiegene, aber „besteigbare“ Berg. Den Versuch zweier Tschechen im Sommer 2021 wehrte der 7452 Meter hohe Gipfel in Pakistan erfolgreich ab. So dürfen die Götter am Gangkhar Puensum wohl hoffen, dass sie für immer ungestört bleiben.

DIE ABGRÜNDE **DER TIEFSEE**

Über die Oberflächen von Mond oder Mars wissen wir mehr als über die Meeresböden. Sie sind zu 75 Prozent noch nicht erforscht und stellen in mehrerlei Hinsicht neue Grenzen dar.

Pazifischer Ozean

22 Personen tauchten bisher in die Tiefen des Marianengrabens.

Der jüngste Erfolg der *Fendouzhe* (wörtlich „Kämpfer“) rückte die Brisanz aktueller geostrategischer und ökologischer Wahrheiten ins Scheinwerferlicht. Im November 2020 „landete“ das chinesische Tauchboot im Marianengraben auf dem Grund des Challengertiefs, am tiefsten Punkt der Erde, rund 11 000 Meter tief unter dem Meeresspiegel. Zum Vergleich: Platziert man den Mount Everest im Challengertief, fehlen noch mehr als zwei Kilometer, um gleichauf zu sein. Mit Kameras übertrugen die drei Besatzungsmitglieder der *Fendouzhe* die Fahrt live ins chinesische Fernsehen. Eine Premiere! Nur etwas mehr als zwanzig Menschen waren bislang in die Tiefen des Marianengrabens getaucht, darunter 2012 James Cameron, der Regisseur von *Abyss – Abgrund des Todes* und *Titanic*. Diese Rinne in der Erdkruste zieht sich über 2500 Kilometer in einem halbmondförmigen Bogen am Grund des Pazifiks entlang. Per Livestream erläuterten die Wissenschaftler an Bord der *Fendouzhe*, dass sie „die Artenvielfalt und Verteilung der Lebewesen an den Meeresböden“ und „das Material in der Tiefsee“ untersuchen wollten. Dies fasst gut zusammen, um was es in Wahrheit geht: Im Fokus stehen die vielversprechenden Vorkommen an Kohlenwasserstoffen, Mineralien und die sogenannten seltenen Erden, welche die Begierden der Mächtigen wecken. Dazu kommt die reiche Vielfalt einer geheimnisvollen Tierwelt, die sich unter tausendmal höherem Druck als an der Meeresoberfläche entwickeln kann. Doch trotz der erstaunlichen Anpassungsfähigkeit wird das Leben, je tiefer es gedeiht, immer fragiler, und umso entscheidender sind die ökologischen Fragen, die damit einhergehen. Quer durch diese noch weitgehend unbekannte und schon jetzt hart umkämpfte Tiefseeregion müssen wir unsere Internetkabel verlegen, was das Gebiet zu einem zentralen Element unserer hypervernetzten Gesellschaften macht. Die Meeresböden sind eine der letzten Grenzen. Ihr Erforschung und Nutzbarmachung sollte zwingend mit großer Vernunft erfolgen.

Linke Seite
Der Bucklige Anglerfisch ist in Tiefseerinnen heimisch. Sein extrem dehnbarer Magen erlaubt es ihm, Beute zu verschlingen, die doppelt so groß ist wie er selbst.

Links
Ohne Spezialausrüstung ist die Tiefsee für uns Menschen unerreichbar. Tauchroboter gewähren jedoch einen Einblick in diese für uns unwirkliche Welt am Boden der Meere.

Mount Everest
(Chomolungma)

Der höchste Berg der Erde

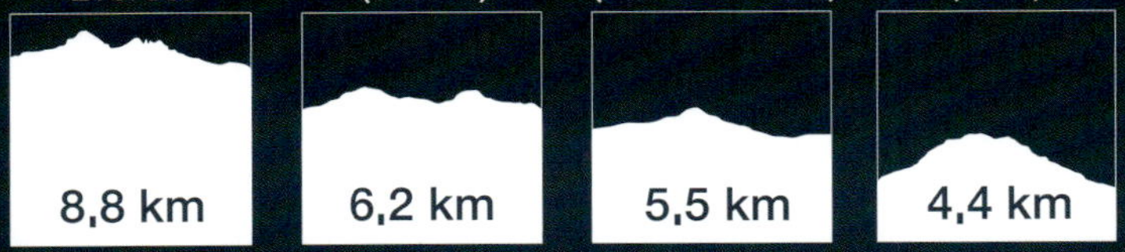

Geografische Lage

Gebirgsmassiv Mahalangur Himal, im Himalaja zwischen Tibet (China) und Nepal

8 848 m
Everest

Erstbesteigung
29. Mai 1953
Edmund Hillary
und Tenzing Norgay

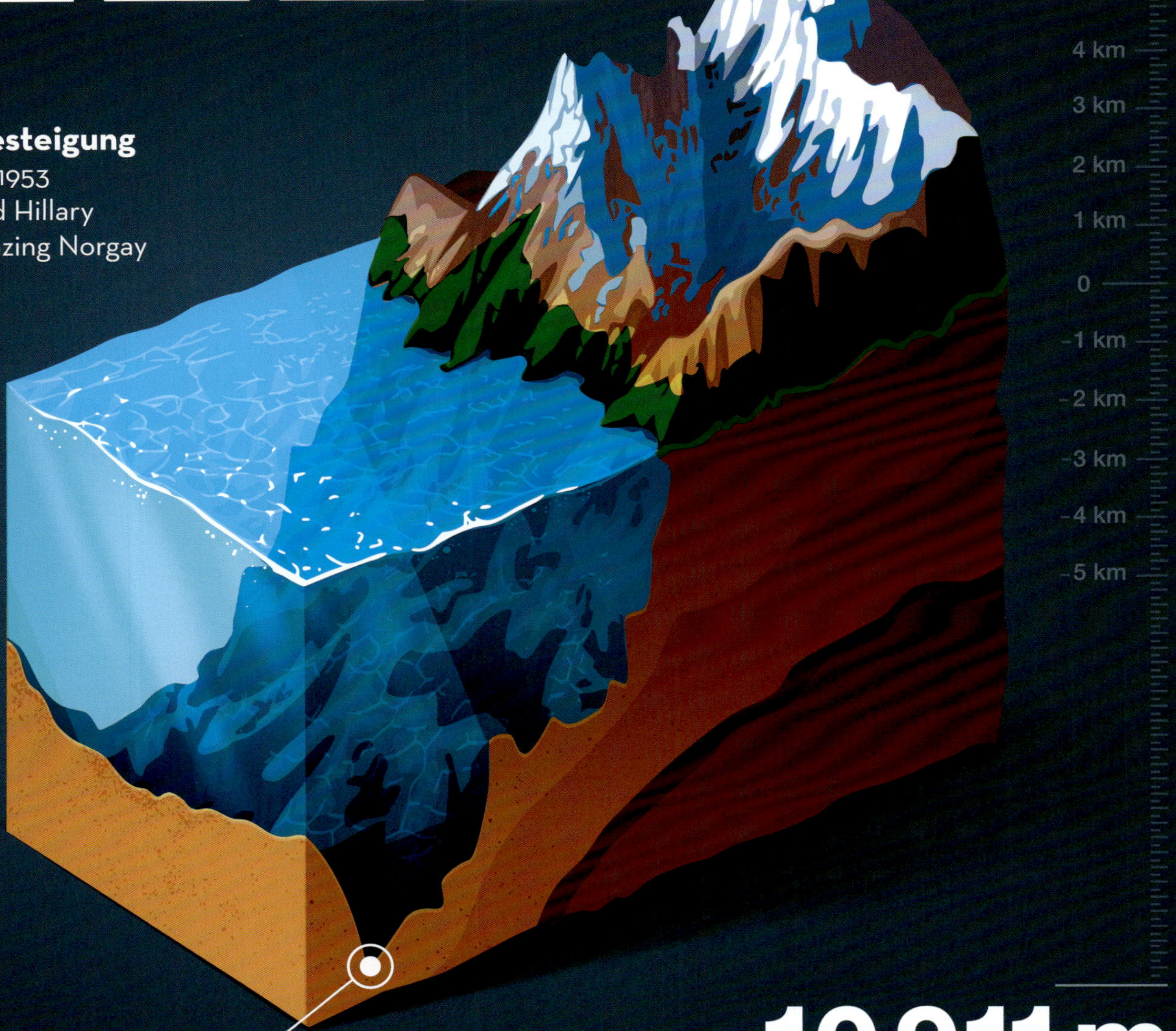

-10 911 m

Marianengraben

Die tiefste Stelle aller Ozeane

Geografische Lage

Im westlichen Pazifischen Ozean, östlich der Inselkette der Marianen

Tauchgänge

- **1960** *Trieste*
- **2012** *DeepSea Challenger*
- **2019** *Limiting Factor*
- **2020** *Fendouzhe*

Oben
Eine Koralle und ein mit Seesternen verwandter Schlangenstern (Ophiura) im Marianengraben.

Links
1960 erkundeten Jacques Piccard und Don Walsh in ihrem Bathyscaph Trieste *als erste Menschen den Grund des Marianengrabens.*

UNERKUNDBARE **EXOPLANETEN**

Im Universum wimmelt es von Planeten bei anderen Sternen, die der Erde mehr oder weniger ähnlich sind. Wir werden diese galaktischen Welten aber niemals vor Ort erforschen können.

Universum

Auf dem WASP-76b ist es über 2400 °C heiß.

Oben
Der Exoplanet Kepler-62f hat den 1,4-fachen Radius der Erde und ist „nur" etwa 1200 Lichtjahre von ihr entfernt. Eine bewohnbare Welt der Zukunft? Künstlerische Darstellung.

Rechte Seite
Chantons sous la pluie de fer: une soirée sur WASP-76b (*„Wir singen im Eisenregen: ein Abend auf WASP-76b"). Ein Werk des Genfer Comiczeichners Frederik Peeters.*

Fünftausendfünfhundert. Das ist die Anzahl der entdeckten Exoplaneten, seit 1995 der erste, 51 Pegasi b, aufgespürt wurde. Als Exoplaneten bezeichnen wir jeden Planeten, der nicht unsere gute alte Sonne, sondern einen anderen Stern umkreist. Wird darunter ein „kleiner" neuer Planet gefunden, dann bestimmen Wissenschaftler sofort dessen ESI (Earth Similarity Index, dt. „Erdähnlichkeitsindex") in der Hoffnung, einen bewohnbaren Zwilling, mögliches Leben, Wasser oder gar intelligente Wesen vorzufinden. Doch von den über fünftausend Exoplaneten kommen nur etwa sechzig in Frage, Gliese 581c und Kepler-62f gelten als Topkandidaten. Bei zweihundert Trilliarden Sternen (2 Mal 10 hoch 23) im Universum, wovon manche Schätzungen ausgehen, ist die Suche noch lange nicht abgeschlossen. Ungeachtet aller Begeisterung ist die Idee einer Reise außerhalb unseres Sonnensystems etwas Wundervolles – oder Entsetzliches, wie man will. Es gibt zahllose Exoplaneten. Sie bringen uns an die Grenzen der Vorstellungskraft und ihre Beinamen verraten etwas über ihre Eigentümlichkeiten: Zweisonnen-Planet, Lava-Planet, Saphir-Planet, Zuckerwatte-Planet, Kannibalen-Planet, Zombie-Planet etc. Betrachten wir nun einen von ihnen genauer und beamen uns auf den 640 Lichtjahre von der Erde entfernten WASP-76b, im Sternbild Fische. Er ist seinem Stern zehnmal näher als der Merkur seiner Sonne. Dieser Gasriese dreht sich synchron mit seinem Zentralgestirn, anders gesagt, die Rotation um seine eigene Achse dauert ebenso lange wie sein Umlauf um den Stern. Somit kehrt WASP-76b seinem Stern immer dieselbe Seite zu. Seine Nachtseite ist „nur" 1500 °C heiß, aber die Tagseite erreicht Temperaturen von über 2400 °C, bei denen Metalle verdampfen. Stürmische Winde befördern den Eisendampf zur kühleren Nachtseite, wo er zu Eisentröpfchen kondensiert und abregnet. Wetterwarnung: Gut schützen, auf WASP-76b regnet es Eisen! Es ist ein einzigartiger und unerforschbarer Ort, einer von Millionen am Ende der Welt.

BILDNACHWEIS

Umschlag Vorderseite ©AdobeStock / hiroko S; ©AdobeStock / piai / ©AdobeStock / Omar

Umschlag Rückseite (links) ©AdobeStock / ondrejprosicky (Mitte) ©AdobeStock / dimazel (rechts) ©AdobeStock / Michail

S. 4 © JUAN / Adobe Stock • S. 7 © arrrief / istock • S. 8 © WorldFoto / Alamy / Hemis • S. 9 © Uncle Leo / Shutterstock • S. 10/11 © Légendes Cartographie • S. 12/13 © World History Archive / Alamy / Hemis • S. 13 © Bibi Saint-Pol / Wikimedia Commons • S. 14 (oben) © NMB / Wikimedia Commons • S. 14 (unten) © Brooklyn Museum / Public Domain • S. 15 © Met Museum / Public Domain • S. 16 © Légendes Cartographie • S. 17 © zabelin / istock • S. 18/19 © All Canada Photos / Alamy Banque D'Images • S. 20/21 © Tabula Rogeriana / Konrad Miller / Wikimedia Commons • S. 21 © Vardulia / Wikimedia Commons • S. 22 © akg-images • S. 23 © Dorling Kindersley ltd. / Alamy Stock Photo • S. 24 © PHGCOM / Wikimedia Commons • S. 25 (oben) © Arghun / Wikimedia Commons • S. 25 (unten) © Rachid al-Din / Wikimedia Commons • S. 26 © BNF / Wikimedia Commons • S. 27 © John Ogilby / NYPL • S. 28 © Légendes Cartographie • S. 29 © arrrief / istock • S. 30/31 © akg-images / Science Photo Library / SMETEK • S. 32 © Science History Images / Alamy / Hemis • S. 33 © Everett Collection / Shutterstock • S. 34 © Noa Siti Eliyahu / Shutterstock • S. 35 (oben) © The Granger Collection / Alamy Stock Photo • S. 35 (unten) © The Picture Art Collection / Alamy / Hemis • S. 36 © kuma / Shutterstock • S. 37 © Universal Images Group North America LLC / Alamy / Hemis • S. 38 (oben) © NYPL / Public Domain • S. 38 (unten) © Public Domain • S. 39 © NYPL / Public Domain • S. 40 © John Gast / Public Domain • S. 41 © Barry, D. F / Public Domain • S. 42 (oben) © J.Grabill / NYPL / Public Domain • S. 42 (unten) © J.Grabill / NYPL / Public Domain • S. 43 (oben) © Carnegie Institution of Washington • S. 43 (unten) © J.Grabill / NYPL / Public Domain • S. 44 (oben links) © Preus museum • S. 44 (oben rechts) © Public Domain / Wikimedia Commons • S. 44 (unten links) © Public Domain / Wikimedia Commons • S. 44 (unten rechts) © agefotostock / Alamy Stock Photo • S. 46 © Maurizio Pesce / Flickr • S. 48/49 (oben) © wildpixel / istock • S. 48 (unten) © secondlife / Kylie_Jaxxon • S. 51 © JeanLuc Ichard / Adobe Stock • S. 52 © Osama Shukir Muhammed Amin FRCP (Glasg) / Wikimedia Commons • S. 53 © Dima Moroz / Shutterstock • S. 54 © The Picture Art Collection / Alamy Banque D'Images • S. 55 © Conrad Gessner / Historiae Animalium / Public Domain • S. 56/57 © akg-images • S. 58 © kazmulka / Adobe Stock • S. 60 (oben) © Rijksmuseum / Public Domain • S. 60 (unten) © Benjamín Núñez González / Wikimedia Commons • S. 61 © Diego Delso / Wikimedia Commons • S. 63 © GARDEL Bertrand / hemis.fr • S. 64/65 © Edward Bundbury / Public Domain • S. 66/67 © richardwatson / istock • S. 68/69 © Juliet Ferguson / Alamy Banque D'Images • S. 70 © British Library / Wikimedia Commons • S. 71 © Bibliothèque nationale de France • S. 73 © New York Public Library / Public Domain • S. 74/75 © Olaus Magnus / Library of congress / Public Domain • S. 77 © Bory de Saint-Vincent / Wikimedia Commons • S. 78/79 © Fer Gregory / Shutterstock • S. 80 © mahirkart / Adobe Stock • S. 81 © Eric Gaba / Wikimedia Commons • S. 82 (links) © Coll. privée • S. 82 (rechts) © Coll. privée • S. 83 © Philip Yuan / Shutterstock • S. 84 © JeanLuc Ichard / Adobe Stock • S. 85 © Elena Schweitzer / Adobe Stock • S. 86/87 © RGB Ventures / SuperStock / Alamy Banque D'Images • S. 89 © Paul / Adobe Stock • S. 90 (oben) © NASA • S. 90 (unten) © 3Dsculptor / Shutterstock • S. 91 © Sophie Ramis, Alain Bommenel, Dario Ingiusto / AFP • S. 92 (oben) © Wikimedia Commons • S. 92 (unten) © NASA • S. 93 © Imaginechina Limited / Alamy Banque D'Images • S. 94/95 © Brian Gratwicke / Wikimedia Commons • S. 95 © NASA • S. 96 © Grant Thomas / istock • S. 97 © Grant Thomas / istock • S. 98 © The Granger Collection / Alamy Banque D'Images • S. 99 © Citynoise - kawami / Wikimedia Commons • S. 100 © brichuas / Shutterstock • S. 101 (oben) © Katarina / Adobe Stock • S. 101 (unten) © BiksuTong / Shutterstock • S. 102 (oben) © Library of Congress / Public Domain • S. 102 (unten) © H. Mark Weidman Photography / Alamy / Hemis • S. 103 © Kaap Hoorn uit de Australische Navigatien Le Maire, Jacob (1585–1616)- Schouten, Willem Corneliszoon (1567–1625) / Wikimedia Commons • S. 104/105 © Minden / hemis.fr • S. 106 © NASA Earth Observatory • S. 107 © Mediantone / Shutterstock • S. 108 © PIRATA-IRD • S. 109 © designua / Adobe Stock • S. 111 © Paul / istock • S. 112 (oben) © Vixit / Shutterstock • S. 112 (unten) © Saulius Damulevicius / Shutterstock • S. 113 © Everest Preliminary map of Mount Everest Expedition, 1921. Map I Henry Treise Morshead / Wikimedia Commons • S. 114 © Porcupen / Shutterstock • S. 115 (oben) © Yann / Adobe Stock • S. 115 (unten) © vinhdav / istock • S. 116 © hyunwoong park / Shutterstock • S. 117 (oben) © kid315 / Shutterstock • S. 117 (unten) © Horatio Tsoi / istock • S. 118 © ARCTIC IMAGES / Alamy / Hemis • S. 119 © Public Domain • S. 120 © CHRISTIANTO / Shutterstock • S. 121 © Unmismoobjetivo / Wikimedia Commons • S. 123 © J.D.Craig / Archive Commission de la Frontière Internationale • S. 124 (oben) © zaschnaus / Adobe Stock • S. 124 (unten) © R.M. Nunes / Adobe Stock • S. 125 © tanarch / Adobe Stock • S. 126/127 © agustavop / istock • S. 128 © JUAN / Adobe Stock • S. 130 © Bourrichon / Wikimedia Commons • S. 131 © Panther Media GmbH / Alamy Banque D'Images • S. 132 © Masheter Movie Archive / Alamy / Hemis • S. 134 (Einklinker) © Edward S. Curtis Collection / Library of Congress • S. 134/135 © NASA • 136 (oben) © J. D. Craig / Archive Commission de la Frontière Internationale • S. 136 (unten) © milehightraveler / istock • S. 137 © Alaskan Boundary Tribunal / Hudson's Bay Company / Public Domain • S. 138 (oben) © Center for Land Use Interpretation photo • S. 138 (unten) © Center for Land Use Interpretation photo • S. 139 © Srinivasan Ramaswamy / Wikimedia Commons • S. 140 © mantaphoto / istock • S. 141 © Htonl / Wikimedia Commons • S. 142/143 © Markus Thomenius / Alamy Banque D'Images • S. 143 © Mysid / Wikimedia Commons • S. 144 © Susannaanas / National Archives of Finland • S. 145 © Yuriy Shmidt / Shutterstock • S. 146 © pe3check / Adobe Stock • S. 147 © Valerii_M / Shutterstock • S. 148 © pe3check / Adobe Stock • S. 149 (oben) © Cyril Redor / Adobe Stock • S. 149 (unten) © pe3check / istock • S. 150 (oben) © EQRoy / Shutterstock • S. 150 (unten) © Morphart Creation / Shutterstock • S. 151 © Domaine public / Wikimedia Commons • S. 152 © Dan / Flickr • S. 153 © Domaine public / Wikimedia Commons • S. 155 © Eli Duke / Flickr • S. 156 © Novinit Images / Shutterstock • S. 157 © William Orpen / Domaine public • S. 158/159 © Richard Milnes / Alamy / Hemis • S. 160 (oben) © Gary Bembridge / Wikimedia Commons • S. 160 (unten) © Melbourne Streets Avant-garde • S. 161 © Jl FilpoC / Archivo

General de Indias • S. 162/163 © Michael Studinger / NASA • S. 163 © Landsat Image Mosaic of Antarctica team / Wikimedia Commons • S. 164 © Jeremy Harbeck / NASA • S. 165 (oben) © Richard Byrd / Library of Congress / Public Domain • S. 165 (unten) © Cartarium / Shutterstock • S. 166/167 © Eli Duke / Flickr • S. 168 © Sting / Wikimedia Commons • S. 169 (oben) © Omar Robert Hamilton / Flickr • S. 169 (unten) © Earl Neikirk / Flickr • S. 170 (oben) © timur gromov • S. 170 (unten) © Neil • S. 171 © Christian Jost • S. 172 © Neil • 173 (oben) © Neil • S. 173 (unten) © Cedricguppy / Wikimedia Commons • S. 174 © Pinpin / Wikimedia Commons • S. 175 (oben) © Erik Ensted / Adobe Stock • S. 175 (unten) © Dave / Adobe Stock • S. 176/177 © John Reed • S. 178 © Alan_Lagadu / istock • S. 179 (oben) © Peter Colback / Alphonse Le Gastelois Memorial Group • S. 179 (unten) © Augustin Constance / Wikimedia Commons • S. 180 (oben) © CkyBe / Shutterstock • S. 180 (unten) © Terrorist96 / Wikimedia Commons • S. 181 © Elevatorrailfan / Wikimedia Commons • S. 182 © Jurriaan Brobbel / Alamy / Hemis • S. 183 © goran_safarek / Shutterstock • S. 184 © Tschubby / Wikimedia Commons • S. 185 (oben) © lemili87 / Adobe Stock • S. 185 (unten) © Michel VIARD / istock • S. 186/187 © Christophe LEDUC • S. 189 © Oleksandr Syrota / istock • S. 190 (oben) © ImageBank4u / Shutterstock • S. 190 (unten) © Légendes Cartographie • S. 191 © Lensw0rld / Shutterstock • S. 192 © Haydn Denman / Alamy / Hemis • S. 193 © CREATISTA / istock • S. 194/195 © Anton_ Ivanov / Shutterstock • S. 195 © agefotostock / Alamy Banque D'Images • 196 © Matthew Paris / British Library / Wikimedia Commons • S. 197 © Gannet77 / istock • S. 198/199 © KevinTate / Shutterstock • S. 200 © bjdlzx / istock • S. 202 (oben) © keattisak / Adobe Stock • S. 202 (unten) © Roke / Wikimedia Commons • S. 203 © Earth Trotter Photography / Shutterstock • S. 204 © Public Domain / Wikimedia Commons • S. 205 © British Library / Public Domain • S. 206 © Léopold Flameng d'après Jean François de Troy / British Museum / Public Domain • S. 207 © Bruno Reguet • S. 208/209 © LENAIN Hervé / hemis.fr • S. 210/211 © imageBROKER / Alamy Banque D'Images • S. 212 © Paolo Bona / Shutterstock • S. 213 (oben) © gianlucabartoli / istock • S. 213 (unten) © Daves archive / Flickr • S. 214 © 4kodiak / istock • S. 215 © Critical Zone Observatory / Wikimedia Commons • S. 216 © Film Studio Aves / Adobe Stock • S. 217 (oben) © Oborseth / Wikimedia Commons • S. 217 (unten) © Oleksandr Syrota / istock • S. 219 Jamie Street Unsplash • S. 220 © GMHM • S. 221 © Peter Hermes Furian / Shutterstock • S. 222 © GMHM • S. 223 (oben) © akg-images • S. 223 (unten) © Bernhard Richter / Shutterstock • S. 224 (oben) © GMHM • S. 224 (unten) © GMHM • S. 225 (oben) © GMHM • S. 225 (unten) © GMHM • S. 226 © Société des explorateurs français • S. 227 (oben) © Société des explorateurs français • S. 227 (unten) © Société des explorateurs français • S. 228 (oben) © Jeffrey Barbee • S. 228 (unten) © Jeffrey Barbee • S. 229 © Planet Labs / Wikimedia Commons • S. 230 © Jeffrey Barbee • S. 231 (oben) © Jeffrey Barbee • S. 231 (unten) © Jeffrey Barbee • S. 232 © Hans Braxmeier & Peter in s / Wikimedia Commons • S. 233 © Evrard / Adobe Stock • S. 234 (oben) © Patricia / Adobe Stock • S. 234 (unten) © David Havel / Shutterstock • S. 235 © OUESTUSA / Shutterstock • S. 236 © Dinodia Photos / Alamy / Hemis • S. 237 © Rigobert Bonne – Jean Lattre / Geographicus / Wikimedia Commons • S. 238/239 © Amazon-Images / Alamy Banque D'Images • S. 240 © BrazilPhotos / Alamy Banque D'Images • S. 241 (oben) © Nicolas Reynolds Courtesy of Sydney Possuelo • S. 241 (unten) © Nicolas Reynolds Courtesy of Sydney Possuelo • S. 242 © Chris Howes / Wild Places Photography / Alamy Banque D'Images • S. 244/245 © Glyn Thomas Photography / Alamy Banque D'Images • S. 246/247 © Felix Lorenzo / istock • S. 248 © Helmut Corneli / Alamy / Hemis • S. 249 © NOAA Office of Ocean Exploration and Research • S. 250 © best works / Shutterstock • S. 251 (oben) © NOAA Office of Ocean Exploration and Research • S. 251 (unten) © U.S. Navy • S. 252 © NASA • S. 253 © Frederik Peeters.

Grafische Konzeption, Layout, Bildbearbeitung und Farbgestaltung der Innenseiten: François Egret — Amulette.fr
Fotogravur Umschlag: Les Caméléons Paris

TEXTE

Texte und Einleitungen zu den Kapiteln: Bruno Reguet; Text: Die Reise des Marco Polo (S. 23): Arnaud Goumand; Vorwort: Agnès Gauzit.

DANKSAGUNGEN

Der Autor dankt derjenigen, an deren Seite er das Leben genießt, er dankt den Freunden, die in der Nähe oder in weiter Ferne sind, und all denen, die stets zu neuen Abenteuern aufbrechen.

Der Herausgeber dankt den Fotografen, Erforschern und Enthusiasten ferner Welten, die ihre Entdeckungen mit uns teilen und dazu beitragen, die einzigartige Vielfalt der Erde in diesem Werk zu enthüllen. Ein besonderer Dank für ihr Fotomaterial und ihre Unterstützung geht an Sydney Possuelo und dessen Faszination für die Völker im Javari-Tal, an Jeffrey Barbee und Julian Bayliss, die uns an ihren Entdeckungen am Mount Lico teilhaben lassen, und an die GMHM-Teams aus Chamonix, denen es gelang, uns ihre Begeisterung und Erfahrungen auf der Cordillera Darwin zu vermitteln.

Ein Dankeschön gilt auch den Archiven, die uns außergewöhnliche und oft seltene Dokumente zur Verfügung gestellt haben und dieses Werk bereichern.

Aus dem Französischen übersetzt von Dagmar Brenneisen, Speyer

Titel der Originalausgabe: „Atlas des bouts du monde“,
erschienen bei Lapérouse Éditions, Frankreich,
Autor: Bruno Reguet, ISBN: 978-2381820149

Umschlaggestaltung von Gramisci Editorialdesign, Claudia Geffert, München,
Copyright siehe S. 254.

Unser gesamtes Programm finden Sie unter **kosmos.de.**
Über Neuigkeiten informieren Sie regelmäßig unsere
Newsletter, einfach anmelden unter **kosmos.de/newsletter**

Gedruckt auf chlorfrei gebleichtem Papier

MIX
Papier | Fördert gute Waldnutzung
FSC® C084279
FSC
www.fsc.org

Für die deutschsprachige Ausgabe:

ISBN 978-3-98904-019-9

Projektleitung und Redaktion: Markus Lück
Lektorat: Beatrice Weber, Ostfildern
Satz: Dagmar Brenneisen, Speyer
Produktion: Klaus Jost
Druck und Bindung: Print Consult GmbH, München
Printed in Slovakia/Imprimé en Slovaquie